初級日本語 [げんき]

解 答
かい　とう
ANSWER KEY

the japan times PUBLISHING

げんき I テキスト 解答(かいとう)

◉会話・文法編(かいわ ぶんぽうへん)

あいさつ

A. (p. 34)

1. こんにちは。　2. (to the teacher) おはようございます。／ (to the friend) おはよう。　3. すみません。 4. ありがとうございます。　5. こんばんは。　6. おやすみ(なさい)。　7. いってきます。　8. ただいま。　9. いただきます。　10. ごちそうさま(でした)。

すうじ

A. (p. 35)

(a) ご　(b) きゅう／く　(c) なな／しち　(d) いち (e) じゅう　(f) はち　(g) に　(h) ろく　(i) よん／ し　(j) さん

B. (p. 35)

(a) よんじゅうご　(b) はちじゅうさん　(c) じゅ うきゅう／じゅうく　(d) ななじゅうろく　(e) ご じゅうに　(f) ひゃく　(g) さんじゅうはち　(h) ろくじゅういち　(i) にじゅうよん／にじゅうし (j) きゅうじゅうなな／きゅうじゅうしち

C. (p. 35)

(a) はち　(b) じゅう　(c) なな／しち　(d) ゼロ／ れい　(e) じゅうきゅう／じゅうく　(f) いち　(g) じゅうご

会話・文法編(かいわ ぶんぽうへん) 第1課(だいか)

I-A. (p. 46)

1. たけしさんは にほんじんです。　2. ソラさんは かんこくじんです。　3. ロバート(ろばあと)さんは イギリス(いぎりす)じんです。　4. やましたせんせいは にほんじんです。

I-B. (p. 46)

1. たけしさんは よねんせいです。　2. ソラ(そら)さんは さんねんせいです。　3. ロバート(ろばあと)さんは よねんせいです。

I-C. (p. 47)

1. たけしさんは にじゅうにさいです。　2. ソラ(そら)さんは はたちです。　3. ロバート(ろばあと)さんは にじゅうにさいです。　4. やましたせんせいは よんじゅうななさいです。

II-A. (p. 47)

1. Q：メアリー(めありい)さんは いちねんせいですか。A： いいえ、にねんせいです。　2. Q：たけしさんは にほんじんですか。A：はい、そうです。　3. Q： たけしさんは じゅうきゅうさいですか。A：い いえ、にじゅうにさいです。　4. Q：ソラ(そら)さんは アメリカ(あめりか)じんですか。A：いいえ、かんこくじん です。　5. Q：ロバート(ろばあと)さんは よねんせいですか。 A：はい、そうです。　6. Q：ロバート(ろばあと)さんは に じゅういっさいですか。A：いいえ、にじゅうに さいです。　7. Q：やましたせんせいは にほんじ んですか。A：はい、そうです。

II-B. (p. 48)

(a) 1. Q：たけしさんは なんさいですか。A：に じゅうにさいです。　2. Q：ソラ(そら)さんは なんさい ですか。A：はたちです。にじゅっさいです。 3. Q：ロバート(ろばあと)さんは なんさいですか。A：に じゅうにさいです。　4. Q：やましたせんせいは なんさいですか。A：よんじゅうななさいです。 (b) 1. Q：たけしさんは なんねんせいですか。A： よねんせいです。　2. Q：ソラ(そら)さんは なんねんせ いですか。A：さんねんせいです。　3. Q：ロバ ート(ろばあと)さんは なんねんせいですか。A：よねんせ いです。

II-C. (p. 49)

1. はい、そうです。 2. よんじゅうはっさいです。 3. いいえ、かんごしです。 4. よんじゅうごさいです。 5. いいえ、だいがくいんせいです。 6. にじゅうさんさいです。 7. いいえ、こうこうせいです。 8. じゅうろくさいです。

III-A. (p. 50)

1. わたしの せんせい 2. わたしの でんわばんごう 3. わたしの なまえ 4. たけしさんの せんこう 5. メアリーさんの ともだち 6. ロンドンだいがくの がくせい 7. にほんごの せんせい 8. こうこうの せんせい

III-B. (p. 50)

(a) 1. たけしさんは さくらだいがくの がくせいです。 2. ソラさんは ソウルだいがくの がくせいです。 3. ロバートさんは ロンドンだいがくの がくせいです。 4. やましたせんせいは さくらだいがくの せんせいです。

(b) 1. たけしさんの せんこうは れきしです。 2. ソラさんの せんこうは コンピューターです。 3. ロバートさんの せんこうは ビジネスです。

III-C. (p. 51)

1. いいえ、にほんごです。 2. いいえ、さくらだいがくの がくせいです。 3. れきしです。 4. はい、そうです。 5. ビジネスです。 6. いいえ、コンピューターです。 7. いいえ、さくらだいがくの せんせいです。

V-A. (p. 52)

(1) さんじです。 (2) くじです。 (3) じゅういちじです。 (4) しちじです。 (5) にじはんです。 (6) よじはんです。 (7) じゅうにじです。 (8) ろくじです。

V-C. (p. 53)

1. ごご ろくじです。 2. ごご しちじです。 3. ごご くじです。 4. ごご じゅういちじはんです。 5. ごぜん いちじです。 6. ごぜん よじです。 7. ごご いちじです。 8. ごご さんじです。

会話・文法編 第2課
（かいわ・ぶんぽうへん だい か）

I-A. (p. 67)

(a) さんじゅうよん／さんじゅうし (b) ろくじゅうなな／ろくじゅうしち (c) はちじゅうさん (d) きゅうじゅうきゅう／きゅうじゅうく (e) ひゃくにじゅうご (f) ごひゃくじゅうご (g) ろっぴゃくさん (h) はっぴゃくごじゅう (i) せんさんびゃく (j) さんぜんよんひゃく (k) はっせんきゅうひゃく (l) さんまんごせん (m) ろくまんよんせんごひゃく (n) きゅうまんにせんさんびゃくよんじゅう

I-B. (p. 67)

(1) よんひゃくごじゅうえんです。 (2) せんえんです。 (3) ひゃくろくじゅうえんです。 (4) せんごひゃくえんです。 (5) さんぜんごひゃくえんです。 (6) いちまんえんです。 (7) にまんえんです。 (8) はっせんえんです。 (9) きゅうせんえんです。 (10) にまんごせんえんです。 (11) さんまんよんせんえんです。 (12) にせんはっぴゃくえんです。

II-A. (p. 69)

(1) これは じてんしゃです。 (2) これは ぼうしです。 (3) これは ジーンズです。 (4) これは かさです。 (5) これは スマホです。 (6) これは かばんです。 (7) それは さいふです。 (8) それは にほんごの ほんです。 (9) それは ノートです。 (10) それは くつです。 (11) それは とけいです。 (12) それは しんぶんです。

II-B. (p. 70)

(1) あれは だいがくです。 (2) あれは ぎんこうです。 (3) あれは ゆうびんきょくです。 (4) あれは コンビニです。

III-A. (p. 70)

(1) そのペンは にひゃくきゅうじゅうえんです。 (2) あのコンピューターは ろくまんはっせんえんです。 (3) そのさいふは よんせんさんびゃくえ

んです。 (4) このじしょは さんぜんごひゃくえんです。 (5) あのじてんしゃは いちまんななせんえんです。

IV. (p.72)

(1) B：すみません。トイレは どこですか。A：ここです。 (2) B：すみません。としょかんは どこですか。A：あそこです。 (3) B：すみません。くつは どこですか。A：そこです。 (4) B：すみません。やさいは どこですか。A：あそこです。 (5) B：すみません。メニューは どこですか。A：そこです。 (6) B：すみません。えいごの ほんは どこですか。A：ここです。

VI. (p.73)

(1) メアリーさんは にねんせいです。まさとさんも にねんせいです。 (2) このかばんは ごせんはっぴゃくえんです。あのかばんも ごせんはっぴゃくえんです。 (3) たけしさんは にじゅうにさいです。ロバートさんも にじゅうにさいです。 (4) ソウルは しちじです。とうきょうも しちじです。 (5) これは やさいです。あれも やさいです。 (6) ロバートさんは ロンドンだいがくの がくせいです。ナオミさんも ロンドンだいがくの がくせいです。

VII-A. (p.74)

1. いいえ、ちゅうごくじんじゃないです。にほんじんです。 2. いいえ、アメリカじんじゃないです。イギリスじんです。 3. いいえ、かんこくじんじゃないです。にほんじんです。 4. いいえ、にほんごじゃないです。れきしです。 5. いいえ、けいざいじゃないです。コンピューターです。 6. はい、そうです。 7. いいえ、ロンドンだいがくの がくせいじゃないです。アリゾナだいがくの がくせいです。 8. いいえ、にねんせいじゃないです。よねんせいです。 9. いいえ、いちねんせいじゃないです。さんねんせいです。 10. はい、そうです。

I. (p.94)

(1) ききます／ききません (2) のみます／のみません (3) はなします／はなしません (4) よみます／よみません (5) みます／みません (6) します／しません (7) べんきょうします／べんきょうしません (8) いきます／いきません (9) かえります／かえりません (10) きます／きません (11) おきます／おきません (12) ねます／ねません

II-A. (p.95)

(a) (1) 音楽を聞きます。 (2) コーヒーを飲みます。 (3) 日本語を話します。 (4) 本を読みます。 (5) テレビを見ます。 (6) テニスをします。 (7) 日本語を勉強します。

(b) (1) うちで音楽を聞きます。 (2) カフェでコーヒーを飲みます。 (3) 大学で日本語を話します。 (4) 図書館で本を読みます。 (5) うちでテレビを見ます。 (6) 学校でテニスをします。 (7) 図書館で日本語を勉強します。

II-B. (p.95)

1. はい、読みます。 2. いいえ、うちで飲みません。カフェで飲みます。 3. 学校でします。 4. コーヒーを飲みます。

III-A. (p.96)

(1) 山下先生は図書館に行きます。 (2) メアリーさんは私の家に来ます。 (3) ロバートさんは学校に来ます。 (4) たけしさんはうちに帰ります。 (5) メアリーさんはアメリカに帰ります。

IV-A. (p.97)

(1) 山下先生は八時に朝ご飯を食べます。 (2) 山下先生は八時半に学校に行きます。 (3) 山下先生は十二時に昼ご飯を食べます。 (4) 山下先生は四時にコーヒーを飲みます。 (5) 山下先生は六時にうちに帰ります。 (6) 山下先生は七時半に晩ご飯を食べます。 (7) 山下先生は十一時半に寝ます。

IV-D. (p. 98)

（I）(1) 四時半にうちで音楽を聞きます。 (2) 三時にカフェでコーヒーを飲みます。 (3) 毎日大学で日本語を話します。 (4) 二時に図書館で雑誌を読みます。 (5) 今晩うちでテレビを見ます。 (6) 土曜日に学校でテニスをします。 (7) 週末に図書館で勉強します。

(III-A) (1) 山下先生は三時に図書館に行きます。 (2) メアリーさんは日曜日に私の家に来ます。 (3) ロバートさんは八時半に学校に来ます。 (4) たけしさんは五時半にうちに帰ります。 (5) メアリーさんはあしたアメリカに帰ります。

V-A. (p. 98)

1. 映画を見ませんか。 2. 私の家に来ませんか。 3. 京都に行きませんか。 4. 晩ご飯を食べませんか。 5. 図書館で勉強しませんか。 6. カフェで話しませんか。 7. うちでお茶を飲みませんか。 8. 音楽を聞きませんか。

会話・文法編 第4課

I-C. (p. 116)

1. はい、あります。 2. いいえ、ありません。 3. いいえ、ありません。 4. いいえ、ありません。 5. 中国語のクラスと英語のクラスとコンピューターのクラスがあります。 6. 英語のテストとパーティーがあります。 7. アルバイトがあります。

II-A. (p. 117)

1. 郵便局は病院の前です。 2. カフェはホテルの中です。 3. バス停は大学の前です。 4. 公園はホテルの後ろです。 5. スーパーは図書館のとなりです。 6. 病院は大学とホテルの間です。

II-B. (p. 117)

1. ジーンズはテレビの上です。 2. 猫はテレビの後ろです。 3. 帽子はかばんの中です。 4. 時計はテレビの前です。 5. 靴はつくえの下です。 6. 花はいすの上です。 7. 犬はつくえの下です。 8.

傘はつくえの上です。

III-A. (p. 118)

1. いいえ、子供じゃなかったです。 2. いいえ、一年生じゃなかったです。 3. はい、いい学生でした。 4. いいえ、英語じゃなかったです。 5. はい、歴史でした。

IV-A. (p. 120)

1. はなしました／はなしませんでした 2. かいました／かいませんでした 3. よみました／よみませんでした 4. かきました／かきませんでした 5. きました／きませんでした 6. まちました／まちませんでした 7. おきました／おきませんでした 8. わかりました／わかりませんでした 9. しました／しませんでした 10. とりました／とりませんでした 11. ありました／ありませんでした 12. ねました／ねませんでした 13. ききました／ききませんでした 14. かえりました／かえりませんでした 15. のみました／のみませんでした

IV-B. (p. 120)

(1) メアリーさんは火曜日に図書館で勉強しました。 (2) メアリーさんは水曜日に学校でテニスをしました。 (3) メアリーさんは木曜日にカフェでたけしさんに会いました。 (4) メアリーさんは金曜日に友だちのうちで晩ご飯を食べました。 (5) メアリーさんは土曜日に京都で映画を見ました。 (6) メアリーさんは日曜日にスーパーで買い物をしました。

IV-C. (p. 121)

1. いいえ、聞きませんでした。 2. はい、しました。 3. はい、会いました。 4. いいえ、行きませんでした。 5. いいえ、書きませんでした。 6. はい、しました。

IV-D. (p. 121)

1. 学校でテニスをしました。 2. 図書館で勉強しました。 3. 土曜日に映画を見ました。 4. 日曜

日に買い物をしました。 5. 友だちのうちで晩ご飯を食べました。 6. カフェでたけしさんに会いました。

V-A. (p. 122)

1. たけしさんはかばんも買いました。 2. メアリーさんも日本語を勉強します。 3. たけしさんは日曜日にもアルバイトをします。 4. メアリーさんは学校でも日本語を話します。 5. あした、メアリーさんはソラさんにも会います。 6. きのうも本屋に行きました。

V-B. (p. 122)

(1) きむらさんは病院に行きます。やまぐちさんも病院に行きます。 (2) たけしさんはご飯を食べます。パンも食べます。 (3) ロバートさんはコーヒーを飲みます。お茶も飲みます。 (4) メアリーさんは英語を話します。スペイン語も話します。 (5) 公園で写真を撮ります。お寺でも写真を撮ります。 (6) うちで勉強します。図書館でも勉強します。 (7) 土曜日にデートをします。日曜日にもデートをします。 (8) 火曜日にテストがあります。木曜日にもテストがあります。 (9) 東京に行きます。広島にも行きます。

VI-A. (p. 123)

(1) メアリーさんは二時間テニスをしました。 (2) メアリーさんは三時間勉強しました。 (3) メアリーさんは一時間半音楽を聞きました。 (4) メアリーさんは一時間たけしさんを待ちました。 (5) メアリーさんは二時間半テレビを見ました。

会話・文法編 第5課

I-A. (p. 138)

(1) やすいです (2) あたらしいです (3) ふるいです (4) あついです (5) さむいです (6) おおきいです (7) ちいさいです (8) たのしいです (9) おもしろいです (10) つまらないです (11) むずかしいです (12) やさしいです (13) こわいです (14) いいです (15) かっこいいです

(16) いそがしいです (17) ひまです (18) きれいです (19) しずかです (20) にぎやかです

I-B. (p. 139)

(1) やすくないです (2) あたらしくないです (3) ふるくないです (4) あつくないです (5) さむくないです (6) おおきくないです (7) ちいさくないです (8) たのしくないです (9) おもしろくないです (10) つまらなくないです (11) むずかしくないです (12) やさしくないです (13) こわくないです (14) よくないです (15) かっこよくないです (16) いそがしくないです (17) ひまじゃないです (18) きれいじゃないです (19) しずかじゃないです (20) にぎやかじゃないです

II-A. (p. 140)

1. やすかったです 2. あつかったです 3. さむかったです 4. おもしろかったです 5. つまらなかったです 6. いそがしかったです 7. たのしかったです 8. よかったです 9. しずかでした 10. にぎやかでした 11. きれいでした 12. ひまでした

II-B. (p. 140)

1. たかくなかったです 2. たのしくなかったです 3. やさしくなかったです 4. つまらなくなかったです 5. おおきくなかったです 6. よくなかったです 7. いそがしくなかったです 8. かっこよくなかったです 9. にぎやかじゃなかったです 10. しずかじゃなかったです 11. きれいじゃなかったです 12. げんきじゃなかったです

II-C. (p. 140)

1. 食べ物は高くなかったです。 2. 食べ物はおいしかったです。 3. ホテルは大きくなかったです。 4. ホテルは新しかったです。 5. レストランは静かじゃなかったです。 6. 海はきれいでした。 7. サーフィンはおもしろかったです。

Ⅱ-D. (p. 141)

1. 映画を見ました。・こわかったです。　2. うちにいました。・とてもつまらなかったです。　3. パーティーに行きました。・楽しくなかったです。　4. レストランに行きました。・おいしくなかったです。

Ⅲ-A. (p. 141)

(1) 古いホテルですね。　(2) つまらないテレビですね。　(3) 難しい宿題ですね。　(4) 忙しい人ですね。　(5) ひまな人ですね。　(6) にぎやかな町ですね。　(7) きれいな部屋ですね。

Ⅲ-B. (p. 142)

(1) きれいな人です。　(2) おもしろい人です。　(3) 元気な人です。

Ⅴ-A. (p. 143)

1. 一緒に帰りましょう。　2. 先生に聞きましょう。　3. 映画を見ましょう。　4. おみやげを買いましょう。　5. 出かけましょう。　6. 待ちましょう。　7. 泳ぎましょう。　8. 写真を撮りましょう。　9. バスに乗りましょう。　10. 六時に会いましょう。

会話・文法編　第6課

Ⅰ-A. (p. 156)

1. たべて　2. かって　3. よんで　4. かいて　5. きて　6. まって　7. あそんで　8. とって　9. して　10. いそいで　11. いって　12. ねて　13. しんで　14. はなして　15. かえって

Ⅱ-A. (p. 156)

1. 立ってください。　2. 聞いてください。　3. 本を読んでください。　4. 35ページを見てください。　5. 教科書を持ってきてください。　6. 漢字を教えてください。　7. 本を返してください。　8. ゆっくり話してください。　9. 私と来てください。　10. あした電話してください。　11. 友だちを連れてきてください。

Ⅱ-B. (p. 157)

(1) 電気を消してください。　(2) 入ってください。　(3) 座ってください。　(4) 急いでください。／待ってください。　(5) 窓を閉めてください。　(6) 病院に行ってください。　(7) ここに名前を書いてください。

Ⅲ-A. (p. 158)

(1) テレビを消して、出かけます。　(2) 朝ご飯を食べて、トイレに行きます。　(3) シャワーを浴びて、デートをします。　(4) 宿題をして、寝ます。　(5) 図書館に行って、本を借ります。

Ⅳ-A. (p. 159)

(1) たばこを吸ってもいいですか。　(2) 部屋に入ってもいいですか。　(3) いすに座ってもいいですか。　(4) アルバムを見てもいいですか。　(5) シャワーを浴びてもいいですか。　(6) 窓を閉めてもいいですか。　(7) エアコンを消してもいいですか。

Ⅳ-C. (p. 160)

1. トイレに行ってもいいですか。　2. 家に帰ってもいいですか。　3. あした宿題を持ってきてもいいですか。　4. 英語を話してもいいですか。　5. ノートを借りてもいいですか。　6. 電気をつけてもいいですか。　7. 友だちを連れてきてもいいですか。

Ⅴ-A. (p. 160)

(1) スマホを使ってはいけません。　(2) となりの人と話してはいけません。　(3) 犬を連れてきてはいけません。　(4) 音楽を聞いてはいけません。　(5) 寝てはいけません。

Ⅴ-B. (p. 161)

1. A：図書館で話してもいいですか。B：いいえ、話してはいけません。　2. A：図書館で昼ご飯を食べてもいいですか。B：いいえ、食べてはいけません。　3. A：図書館でコーヒーを飲んでもいいですか。B：はい、飲んでもいいです。／いいえ、飲んではいけません。　4. A：図書館でパソ

コンを使ってもいいですか。B：いいえ、使ってはいけません。 5. A：〜さんの国で十八歳の人はたばこを吸ってもいいですか。B：はい、吸ってもいいです。／いいえ、吸ってはいけません。 6. A：〜さんの国で十八歳の人はお酒を飲んでもいいですか。B：はい、飲んでもいいです。／いいえ、飲んではいけません。

Ⅶ-A. (p. 162)

(1) 窓を開けましょうか。 (2) 手伝いましょうか。 (3) 電話しましょうか。 (4) 荷物を持ちましょうか。 (5) 飲み物を持ってきましょうか。 (6) 電気をつけましょうか。 (7) 写真を撮りましょうか。 (8) 窓を閉めましょうか。

Ⅶ-B. (p. 163)

1. 窓を閉めましょうか。 2. 手伝いましょうか。 3. 日本語を話しましょうか。 4. 電気をつけましょうか。 5. メニューを読みましょうか。

会話・文法編 第7課

Ⅰ-A. (p. 176)

(1) 本を読んでいます。 (2) 泳いでいます。 (3) 写真を撮っています。 (4) 音楽を聞いています。 (5) 歌を歌っています。 (6) 日本語を話しています。 (7) たけしさんを待っています。 (8) ゲームをしています。 (9) テニスをしています。 (10) コーヒーを飲んでいます。 (11) レポートを書いています。

Ⅱ-A. (p. 177)

1. ソウルに住んでいます。 2. いいえ、ロンドンに住んでいます。 3. 高校の先生です。 4. 病院で働いています。 5. はい、結婚しています。 6. いいえ、結婚していません。 7. 四十八歳です。 8. 十八歳です。 9. いいえ、ニューヨークで働いています。

Ⅲ-A. (p. 178)

(1) この人は目が小さいです。 (2) この人は口が大きいです。 (3) この人は口が小さいです。 (4) この人は背が高いです。 (5) この人は背が低いです。 (6) この人は髪が長いです。 (7) この人は髪が短いです。

Ⅲ-B. (p. 178)

1. いいえ、太っていません。 2. いいえ、セーターを着ています。 3. Tシャツを着ています。 4. はい、ジーンズをはいています。 5. いいえ、めがねをかけていません。 6. いいえ、傘を持っていません。 7. はい、背が高いです。 8. はい、背が低いです。 9. はい、髪が長いです。 10. いいえ、目が大きいです。

Ⅳ-A. (p. 179)

(1) ロバートさんは背が高くて、かっこいいです。 (2) ナオミさんは目が大きくて、きれいです。 (3) ソラさんは頭がよくて、親切です。 (4) 山下先生は元気で、おもしろいです。 (5) 日本語のクラスはにぎやかで、楽しいです。 (6) 宿題は難しくて、大変です。 (7) 食堂は安くて、おいしいです。

Ⅳ-C. (p. 180)

1. 新幹線は速くて、便利でした。 2. ホテルは古くて、きれいじゃなかったです。 3. ホテルの人は親切で、よかったです。 4. レストランは高くて、おいしくなかったです。 5. 神社は静かで、きれいでした。 6. 東京スカイツリーは高くて、こわかったです。

Ⅴ-A. (p. 181)

1. ソラさんは図書館に本を返しに行きます。 2. ソラさんは食堂に昼ご飯を食べに行きます。 3. ソラさんは大阪に友だちに会いに行きます。 4. ソラさんは友だちのうちに勉強しに行きます。 5. ソラさんは町に遊びに行きます。 6. ソラさんはデパートに靴を買いに行きます。 7. ソラさんは高校に英語を教えに行きます。 8. ソラさんはカフェにコーヒーを飲みに行きます。

V-C. (p. 182)

(1) A：ウデイさんは図書館に何をしに行きますか。B：本を借りに行きます。 (2) A：カルロスさんはカフェに何をしに行きますか。B：コーヒーを飲みに行きます。 (3) A：ヤスミンさんはデパートに何をしに行きますか。B：おみやげを買いに行きます。 (4) A：メアリーさんは家に何をしに帰りますか。 B：晩ご飯を食べに帰ります。 (5) A：ようこさんはお寺に何をしに行きますか。B：写真を撮りに行きます。

VI-A. (p. 182)

1. 四人います。 2. 二人います。 3. 一人います。 4. 三人います。

会話・文法編 第8課

I-A. (p. 198)

1. みない 2. あけない 3. すまない 4. かけない 5. はかない 6. はじめない 7. つくらない 8. せんたくしない 9. あらわない 10. こない 11. わすれない 12. ない 13. おもわない 14. もっていかない 15. はいらない 16. かえらない

I-B. (p. 198)

1. ゆうめいじゃない 2. あめじゃない 3. いそがしくない 4. かわいくない 5. みじかくない 6. しんせつじゃない 7. やすくない 8. きれいじゃない 9. たいへんじゃない 10. よくない 11. かっこよくない 12. すきじゃない

II-A. (p. 198)

1. うん、勉強する。／ううん、勉強しない。 2. うん、会う。／ううん、会わない。 3. うん、飲む。／ううん、飲まない。 4. うん、乗る。／ううん、乗らない。 5. うん、話す。／ううん、話さない。 6. うん、入る。／ううん、入らない。 7. うん、来る。／ううん、来ない。 8. うん、ある。／ううん、ない。 9. うん、持っている。／ううん、持っていない。 10. うん、行く。／ううん、行かない。

11. うん、掃除する。／ううん、掃除しない。 12. うん、洗濯する。／ううん、洗濯しない。

II-B. (p. 199)

1. うん、ひま。／ううん、ひまじゃない。 2. うん、忙しい。／ううん、忙しくない。 3. うん、いい。／ううん、よくない。 4. うん、こわい。／ううん、こわくない。 5. うん、上手。／ううん、上手じゃない。 6. うん、好き。／ううん、好きじゃない。 7. うん、きらい。／ううん、きらいじゃない。 8. うん、休み。／ううん、休みじゃない。 9. うん、おもしろい。／ううん、おもしろくない。 10. うん、難しい。／ううん、難しくない。

III-A. (p. 199)

1. メアリーさんはたけしさんが好きだと思います。 2. メアリーさんは忙しいと思います。 3. メアリーさんはいい学生だと思います。 4. メアリーさんは背が高くないと思います。 5. メアリーさんは静かじゃないと思います。 6. メアリーさんは一年生じゃないと思います。 7. メアリーさんはよく料理をすると思います。 8. メアリーさんは車を運転すると思います。 9. メアリーさんはたばこを吸わないと思います。 10. メアリーさんは結婚していないと思います。 11. メアリーさんは毎日日本語を話すと思います。 12. メアリーさんは夜遅く家に帰らないと思います。 13. メアリーさんはあまりコーヒーを飲まないと思います。 14. メアリーさんはよく映画を見に行くと思います。

III-B. (p. 200)

(Picture A)

1. はい、ひまだと思います。／いいえ、ひまじゃないと思います。 2. はい、頭がいいと思います。／いいえ、頭がよくないと思います。 3. はい、背が高いと思います。／いいえ、背が高くないと思います。 4. はい、こわいと思います。／いいえ、こわくないと思います。 5. はい、仕事が好きだと思います。／いいえ、仕事が好きじゃない

と思います。 6. はい、結婚していると思います。／いいえ、結婚していないと思います。 7. はい、お金をたくさん持っていると思います。／いいえ、お金をたくさん持っていないと思います。 8. はい、よくスポーツをすると思います。／いいえ、あまりスポーツをしないと思います。 9. はい、スペイン語を話すと思います。／いいえ、スペイン語を話さないと思います。

(Picture B)

1. はい、ここは日本だと思います。／いいえ、ここは日本じゃないと思います。 2. はい、有名な所だと思います。／いいえ、有名な所じゃないと思います。 3. はい、暑いと思います。／いいえ、暑くないと思います。 4. はい、冬は寒いと思います。／いいえ、冬は寒くないと思います。 5. はい、人がたくさん住んでいると思います。／いいえ、人がたくさん住んでいないと思います。 6. はい、夏によく雨が降ると思います。／いいえ、夏にあまり雨が降らないと思います。

Ⅳ-A. (p. 201)

1. 来月もひまじゃないと言っていました。
2. あしたは買い物をすると言っていました。
3. 毎日漢字を勉強していると言っていました。
4. ホームステイをしていると言っていました。
5. お父さんは親切だと言っていました。
6. お母さんは料理が上手だと言っていました。
7. お兄さんは会社員だと言っていました。
8. 家族は英語を話さないと言っていました。
9. あしたは晴れだと言っていました。
10. あしたは寒くないと言っていました。
11. あしたの気温は八度だと言っていました。
12. あさっては曇りだと言っていました。
13. ときどき雪が降ると言っていました。

Ⅴ-A. (p. 202)

1. 電話しないでください。 2. 私のうちに来ないでください。 3. 行かないでください。 4. たばこを吸わないでください。 5. 雑誌を捨てないでください。 6. 英語を話さないでください。 7.

クラスで寝ないでください。 8. 宿題を忘れないでください。 9. 遅くならないでください。 10. まだテストを始めないでください。 11. スマホを使わないでください。

Ⅵ-A. (p. 203)

1. メアリーさんはスペイン語が上手です。 2. メアリーさんは料理が下手です。 3. メアリーさんはすしを作るのが下手です。 4. メアリーさんははしで食べるのが上手です。 5. メアリーさんは写真を撮るのが上手です。 6. メアリーさんは車を運転するのが下手です。 7. メアリーさんは日本語を話すのが上手です。 8. メアリーさんはラブレターを書くのが上手です。

Ⅶ-A. (p. 204)

1. ソラさんが韓国人です。 2. ロバートさんが料理をするのが上手です。 3. たけしさんがいつも食堂で食べます。 4. メアリーさんとたけしさんがデートをしました。 5. メアリーさんが犬が好きです。

Ⅷ-A. (p. 204)

1. パーティーに行きましたが、何も飲みませんでした。 2. カラオケがありましたが、何も歌いませんでした。 3. テレビがありましたが、何も見ませんでした。 4. カメラを持っていましたが、何も撮りませんでした。 5. ゆみさんに会いましたが、何も話しませんでした。 6. パーティーに行きましたが、何もしませんでした。

会話・文法編 第9課

Ⅰ-A. (p. 219)

(a) 1. はなした 2. しんだ 3. のんだ 4. かけた 5. いった 6. あそんだ 7. つくった 8. でた 9. あらった 10. きた 11. ひいた 12. まった 13. いそいだ 14. もらった 15. おどった 16. せんたくした

(b) 1. みなかった 2. すてなかった 3. しらなかった 4. かけなかった 5. はかなかった 6. は

じまらなかった　7. つくらなかった　8. かえら
なかった　9. あらわなかった　10. こなかった
11. いわなかった　12. やすまなかった　13. おぼ
えなかった　14. うたわなかった　15. せんたく
しなかった　16. うんどうしなかった

I-B. (p. 219)

(a) 1. ゆうめいだった　2. あめだった　3. あかか
った　4. かわいかった　5. みじかかった　6. し
んせつだった　7. やすかった　8. きれいだった
9. いいてんきだった　10. かっこよかった　11.
さびしかった　12. びょうきだった

(b) 1. いじわるじゃなかった　2. びょうきじゃな
かった　3. わかくなかった　4. かわいくなかっ
た　5. ながくなかった　6. べんりじゃなかった
7. あおくなかった　8. しずかじゃなかった　9.
いいてんきじゃなかった　10. かっこよくなかっ
た　11. おもしろくなかった　12. さびしくなか
った

II-A. (p. 220)

1. Q：きのうピザを食べた？　A：うん、食べた。
／ううん、食べなかった。　2. Q：きのう散歩し
た？　A：うん、散歩した。／ううん、散歩しなか
った。　3. Q：きのう図書館で本を借りた？　A：
うん、借りた。／ううん、借りなかった。　4. Q：
きのううちを掃除した？　A：うん、掃除した。／
ううん、掃除しなかった。　5. Q：きのううちで
料理した？　A：うん、料理した。／ううん、料
理しなかった。　6. Q：きのう友だちに会っ
た？　A：うん、会った。／ううん、会わなかった。
7. Q：きのう単語を覚えた？　A：うん、覚えた。
／ううん、覚えなかった。　8. Q：きのう学校に
来た？　A：うん、来た。／ううん、来なかった。
9. Q：きのう家族に電話した？　A：うん、電話
した。／ううん、電話しなかった。　10. Q：きの
うパソコンを使った？　A：うん、使った。／ うう
ん、使わなかった。　11. Q：きのう手紙をもら
った？　A：うん、もらった。／ううん、もらわな
かった。　12. Q：きのう遊びに行った？　A：うん、

行った。／ううん、行かなかった。　13. Q：きの
う運動した？　A：うん、運動した。／ううん、運
動しなかった。　14. Q：きのうメールを書い
た？　A：うん、書いた。／ううん、書かなかった。

II-B. (p. 220)

1. Q：子供の時、かわいかった？　A：うん、か
わいかった。／ううん、かわいくなかった。　2.
Q：子供の時、髪が長かった？　A：うん、長か
った。／ううん、長くなかった。　3. Q：子供の
時、背が高かった？　A：うん、高かった。／ うう
ん、高くなかった。　4. Q：子供の時、勉強が好
きだった？　A：うん、好きだった。／ううん、好
きじゃなかった。　5. Q：子供の時、スキーが
上手だった？　A：うん、上手だった。／ううん、
上手じゃなかった。　6. Q：子供の時、さびしか
った？　A：うん、さびしかった。／ううん、さび
しくなかった。　7. Q：子供の時、楽しかっ
た？　A：うん、楽しかった。／ううん、楽しくな
かった。　8. Q：子供の時、スポーツが好きだっ
た？　A：うん、好きだった。／ううん、好きじゃ
なかった。　9. Q：子供の時、宿題がきらいだっ
た？　A：うん、きらいだった。／ううん、きらい
じゃなかった。　10. Q：子供の時、頭がよかっ
た？　A：うん、よかった。／ううん、よくなかっ
た。　11. Q：子供の時、先生はやさしかっ
た？　A：うん、やさしかった。／ううん、やさし
くなかった。　12. Q：子供の時、いじわるだっ
た？　A：うん、いじわるだった。／ううん、いじ
わるじゃなかった。

III-A. (p. 221)

(a) 1. はい、かわいかったと思います。／いいえ、
かわいくなかったと思います。　2. はい、日本語
が上手だったと思います。／いいえ、日本語が
上手じゃなかったと思います。　3. はい、人気が
あったと思います。／いいえ、人気がなかったと
思います。　4. はい、よく勉強したと思います。
／いいえ、あまり勉強しなかったと思います。
5. はい、日本に住んでいたと思います。／いいえ、

日本に住んでいなかったと思います。

(b) 1. はい、背が高かったと思います。／いいえ、背が高くなかったと思います。　2. はい、よくデートをしたと思います。／いいえ、あまりデートをしなかったと思います。　3. はい、よくギターを弾いたと思います。／いいえ、あまりギターを弾かなかったと思います。　4. はい、踊るのが上手だったと思います。／いいえ、踊るのが上手じゃなかったと思います。　5. はい、かっこよかったと思います。／いいえ、かっこよくなかったと思います。

Ⅳ-A.　(p. 222)

1. お父さんは、友だちとよく踊りに行ったと言っていました。　2. お父さんは、踊るのがあまり上手じゃなかったと言っていました。　3. お父さんは、マイケルの歌をたくさん覚えたと言っていました。　4. たけしさんは、先月、かぶきを見に行ったと言っていました。　5. たけしさんは、かぶきは十二時に始まって、四時に終わったと言っていました。　6. たけしさんは、かぶきは長かったと言っていました。　7. たけしさんは、かぶきはおもしろかったと言っていました。　8. ヤスミンさんは、先週大学に行かなかったと言っていました。　9. ヤスミンさんは、病気だったと言っていました。　10. ヤスミンさんは、薬を飲んで寝ていたと言っていました。

Ⅴ-A.　(p. 223)

1. めがねをかけている人です。／話している人です。　2. ビールを飲んでいる人です。　3. 寝ている人です。／着物を着ている人です。　4. 歌っている人です。　5. 踊っている人です。　6. ギターを弾いている人です。

Ⅵ-A.　(p. 224)

1. はい、もうしました。　2. いいえ、まだ覚えていません。　3. いいえ、まだ書いていません。　4. いいえ、まだしていません。　5. いいえ、まだ掃除していません。　6. いいえ、まだ買っていませ

ん。　7. いいえ、まだ作っていません。　8. はい、もう借りました。

Ⅶ-A.　(p. 225)

1. 料理するのがきらいだから → お弁当を買います。　2. 試験が終わったから → 今はひまです。　3. 旅行に行ったから → お金がありません。　4. コンサートのチケットを二枚もらったから → 行きませんか。　5. 天気がよくなかったから → 遊びに行きませんでした。　6. クラスが始まるから → 急ぎましょう。

会話・文法編 **第10課**

Ⅰ-A.　(p. 239)

(a) 1. 新幹線のほうがバスより速いです。　2. 電車のほうが新幹線より遅いです。　3. バスのほうが新幹線より安いです。　4. 電車のほうがバスより高いです。

(b) 5. 田中さんのほうが山田さんより背が高いです。　6. 山田さんのほうが鈴木さんより背が低いです。　7. 田中さんのほうが鈴木さんより若いです。　8. 田中さんのほうが山田さんより年上です。　9. 山田さんのほうが鈴木さんより髪が短いです。

(c) 10. 北海道のほうが九州より大きいです。　11. 四国のほうが九州より小さいです。

Ⅱ-A.　(p. 240)

(a) 1. 電車がいちばん遅いです。　2. バスがいちばん安いです。　3. 新幹線がいちばん高いです。

(b) 4. 鈴木さんがいちばん背が高いです。　5. 山田さんがいちばん若いです。　6. 鈴木さんがいちばん年上です。　7. 鈴木さんがいちばん髪が長いです。

(c) 8. 本州がいちばん大きいです。　9. 四国がいちばん小さいです。

Ⅲ-A.　(p. 242)

(1) このアイスクリームはソラさんのです。　(2) このピザはトムさんのです。　(3) このパンはみさ

きさんのです。　(4) このトマトはゆみさんのです。　(5) このケーキはりんさんのです。　(6) このコーヒーはクリスさんのです。　(7) この水はけんさんのです。　(8) この牛乳はかいさんのです。

Ⅲ-B. (p. 242)

1. ゆいさんは遅いのに乗りました。　2. ゆいさんは冷たいのを飲みました。　3. ゆいさんはきれいなのを買いました。　4. ゆいさんは黒いのを買いました。

Ⅳ-A. (p. 243)

1. 月曜日にピアノを練習するつもりです。　2. 火曜日に運動するつもりです。　3. 水曜日に洗濯するつもりです。　4. 木曜日にレポートを書くつもりです。　5. 木曜日に出かけないつもりです。　6. 金曜日に友だちと晩ご飯を食べるつもりです。　7. 金曜日に日本語を勉強しないつもりです。　8. 土曜日に友だちのうちに泊まるつもりです。　9. 土曜日に家に帰らないつもりです。　10. 日曜日に早く起きないつもりです。　11. 日曜日に家でごろごろするつもりです。

Ⅴ-A. (p. 244)

(1) 眠くなりました。　(2) 元気になりました。　(3) 大きくなりました。　(4) 髪が短くなりました。　(5) ひまになりました。　(6) 暑くなりました。　(7) 涼しくなりました。　(8) 医者になりました。　(9) 春になりました。　(10) お金持ちになりました。

Ⅴ-B. (p. 245)

1. 暖かく　2. 短く／きれいに　3. 好きに　4. 赤く　5. 寒く　6. 上手に

Ⅵ-A. (p. 246)

1. はい、お茶とコーヒーを飲みました。　2. いいえ、何も飲みませんでした。　3. はい、大阪に行きました。　4. いいえ、どこにも行きませんでした。　5. はい、ロバートさんに会いました。　6. いいえ、だれにも会いませんでした。　7. はい、映画を見ました。　8. いいえ、何もしませんでした。

Ⅶ-A. (p. 247)

(1) うちから学校までバスで行きます。　(2) うちからバス停まで歩いて行きます。　(3) うちから会社まで車で行きます。　(4) 横浜から東京まで電車で行きます。　(5) 会社からデパートまで地下鉄で行きます。　(6) 名古屋から東京まで新幹線で行きます。　(7) 日本からハワイまで飛行機で行きます。　(8) 日本からインドネシアまで船で行きます。

Ⅶ-B. (p. 247)

(1) うちから学校まで四十分かかります。　(2) うちからバス停まで二十分かかります。　(3) うちから会社まで一時間かかります。　(4) 横浜から東京まで三十分かかります。　(5) 会社からデパートまで十五分かかります。　(6) 名古屋から東京まで二時間かかります。　(7) 日本からハワイまで八時間かかります。　(8) 日本からインドネシアまで一週間かかります。

会話・文法編 第11課

I-A. (p. 264)

1. 湖に行きたいです。　2. 日本語を練習したいです。　3. 温泉に行きたいです。　4. ゆっくり休みたくないです。　5. 会社の社長になりたくないです。　6. 日本で働きたいです。　7. 車を買いたいです。　8. 日本に住みたくないです。　9. 留学したいです。　10. 山に登りたくないです。

I-C. (p. 264)

1. 子供の時、テレビを見たかったです。　2. 子供の時、飛行機に乗りたかったです。　3. 子供の時、ゲームをしたくなかったです。　4. 子供の時、犬を飼いたかったです。　5. 子供の時、学校をやめたくなかったです。　6. 子供の時、お祭りに行きたかったです。　7. 子供の時、ピアノを習いたくなかったです。　8. 子供の時、車を運転したかっ

たです。 9. 子供の時、有名になりたかったです。
10. 子供の時、ミッキー・マウスに会いたかった
です。

II-A. (p. 266)

1. たけしさんはキャンプに行ったり、ドライブに
行ったりしました。 2. ウデイさんはお菓子を作
ったり、家でゲームをしたりしました。 3. ソラ
さんは大阪に遊びに行ったり、食べに行ったりし
ました。 4. けんさんは部屋を掃除したり、洗濯
したりしました。 5. ロバートさんは友だちに会
ったり、映画を見たりしました。 6. 山下先生は
温泉に行ったり、休んだりしました。

III-A. (p. 267)

1. すしを食べたことがあります。 2. 韓国語を勉
強したことがあります。 3. レストランで働いた
ことがあります。 4. 広島に行ったことがありま
せん。 5. ラブレターを書いたことがありませ
ん。 6. 授業で寝たことがあります。 7. 富士山
に登ったことがあります。 8. 日本で車を運転し
たことがありません。 9. 日本の映画を見たこと
がありません。 10. 神社に行ったことがありま
せん。

会話・文法編 第12課

I-A. (p. 282)

(1) 彼から電話があったんです。 (2) プレゼント
をもらったんです。 (3) あしたは休みなんです。
(4) きのうは誕生日だったんです。 (5) 試験が難
しくなかったんです。 (6) のどが痛いんです。
(7) かぜをひいたんです。 (8) 切符をなくしたん
です。 (9) あした試験があるんです。 (10) せき
が出るんです。 (11) 彼女と別れたんです。 (12)
お手洗いに行きたいんです。

I-B. (p. 283)

(1) 友だちにもらったんです。 (2) イタリアのな
んです。 (3) 作ったんです。 (4) 安かったんで
す。 (5) やさしいんです。

II-A. (p. 284)

(1) 食べすぎました。 (2) お酒を飲みすぎました。
(3) テレビを見すぎました。 (4) 買いすぎました。
(5) この服は大きすぎます。 (6) この試験は難し
すぎます。 (7) この試験は簡単すぎます。 (8) こ
のセーターは高すぎます。 (9) このお風呂は熱す
ぎます。 (10) この宿題は多すぎます。

III-A. (p. 285)

1. 早く寝たほうがいいですよ。 2. 遊びに行かな
いほうがいいですよ。 3. 病院に行ったほうが
いいですよ。 4. 仕事を休んだほうがいいですよ。
5. うちに帰ったほうがいいですよ。 6. 運動しな
いほうがいいですよ。

IV-A. (p. 287)

1. 安いので、買います。 2. あの授業はおもしろ
くないので、サボりたいです。 3. 今週は忙しか
ったので、疲れています。 4. かぜだったので、
バイトを休みました。 5. 彼女はいつも親切なの
で、人気があります。 6. 政治に興味がないので、
新聞を読みません。 7. 友だちと同じ授業を取っ
ているので、一緒に勉強します。 8. のどがかわ
いたので、ジュースが飲みたいです。 9. 歩きす
ぎたので、足が痛いです。 10. ホテルの部屋は
広かったので、よかったです。

V-A. (p. 288)

1. 八時にうちを出なければいけません。 2. 九時
に授業に出なければいけません。 3. 一時に先生
に会わなければいけません。 4. 二時から英語を
教えなければいけません。 5. 午後、図書館に行
って、本を借りなければいけません。 6. 電気代
を払いに行かなければいけません。 7. 夜、宿題
をしなければいけません。 8. 晩ご飯の後、薬を
飲まなければいけません。

V-C. (p. 288)

1. 八時にうちを出なきゃいけない。 2. 九時に授
業に出なきゃいけない。 3. 一時に先生に会わな
きゃいけない。 4. 二時から英語を教えなきゃい

けない。 5.午後、図書館に行って、本を借りなきゃいけない。 6.電気代を払いに行かなきゃいけない。 7.夜、宿題をしなきゃいけない。 8.晩ご飯の後、薬を飲まなきゃいけない。

Ⅵ-A. (p. 289)

1.冬は雪が降るでしょうか。 2.授業はいつ始まるでしょうか。 3.先生は厳しいでしょうか。 4.日本語のクラスは大変でしょうか。 5.アニメのサークルがあるでしょうか。 6.部屋代はいくらでしょうか。 7.ホストファミリーは英語を話すでしょうか。 8.アルバイトをしてもいいでしょうか。 9.薬を持っていったほうがいいでしょうか。

🔵 読み書き編

 読み書き編 **第1課**

Ⅰ. (p. 297)

A. 1.よ 2.ほ 3.め 4.す 5.き 6.ち 7.た 8.ろ 9.え

B. 1.Tanaka 2.Yamamoto 3.Sakuma 4.Takahashi 5.Morikawa 6.Kumamoto 7.Okayama 8.Morioka 9.Yokohama 10.Mito

C. 1.いちご 2.だんご 3.ざぶとん 4.がいこくじん 5.たんぽぽ 6.がんぺき

D. 1.しゃしん 2.どくしょ 3.きょり 4.ひやす 5.ちゃいろ 6.おんなのひと 7.きって 8.もっと

F. 1.でんわ 2.わたし 3.にほん 4.なまえ 5.せんせい 6.だいがく

Ⅱ. (p. 299)

1.たなか まい 2.やまだ まこと 3.きたの ひろみ 4.れきし

読み書き編 **第2課**

Ⅰ. (p. 301)

A. 1.オ 2.ヌ 3.サ 4.シ 5.ク 6.マ 7.ル 8.ホ 9.ユ

B. 1.(c) 2.(d) 3.(i) 4.(f) 5.(h) 6.(a) 7.(k) 8.(j) 9.(g) 10.(l) 11.(e) 12.(b)

C. 1.クアラルンプール 2.アムステルダム 3.ワシントンDC 4.カイロ 5.キャンベラ 6.ストックホルム 7.ニューデリー 8.ブエノスアイレス 9.オタワ

D. 1.ノート 2.ペン 3.メニュー 4.ジーンズ

Ⅱ. (p. 302)

1.(c) 2.(e) 3.(a) 4.(g)

読み書き編 **第3課**

Ⅰ. (p. 306)

A. 1.¥650 2.¥1,800 3.¥714,000 4.¥123,000 5.¥39,000,000

B. 1.三十円 2.百四十円 3.二百五十一円 4.六千七十円 5.八千百九十円 6.一万二千五百円 7.十六万八千円 8.三百二十万円 9.五千七百万円

Ⅱ. (p. 307)

7:00	<u>get up</u>
(<u>8:00</u>)	go to the university
9:00	<u>study Japanese</u>
(<u>12:30</u>)	eat lunch
4:00	<u>read books at the library</u>
6:00	<u>get back home</u>
(<u>10:00</u>)	watch TV
(12:00)	<u>go to bed</u>

読み書き編 **第4課**

Ⅰ. (p. 310)

A. 1.Wednesday 2.Friday 3.Sunday 4.Monday 5.Saturday 6.Thursday 7.Tuesday

B. 1. 中　2. 上　3. 下

II. (p. 310)

1. ともだちとだいがくでべんきょうします。　2. いいえ、たべません。　3. 九時半ごろかえります。

III. (p. 311)

(c) → (b) → (d) → (e) → (a)

読み書き編 第5課

I. (p. 314)

A. 1. 飲　2. 飲　3. 私　4. 元, 今, 行, 三, 土, 時, 金, 半　5. 男　6. 気　7. 金, 今, 食, 飲　8. 食　9. 気　10. 男

B. 1. (f)　2. (e)　3. (b)　4. (d)　5. (c)　6. (a)　7. (g)

C. 1. (c)　2. (g)　3. (h)　4. (k)　5. (a)　6. (i)　7. (e)　8. (j)　9. (b)　10. (d)　11. (f)

II. (p. 315)

A. 1. coffee　2. concert　3. Vienna　4. cafe　5. classical music　6. cake

B. 1. ○　2. ×　3. ○　4. ×　5. ○　6. ×

C. 1. おきなわにいます。　2. あついですが、いい天気です。　3. ともだちといっしょにうみでおよぎました。　4. 山に行きました。日本人の男の人とメキシコ人の女の人と行きました。

読み書き編 第6課

I. (p. 320)

A. 天気, 先生, 学生, 大学, 今日

B. 1. d　2. f　3. e　4. a　5. b

II. (p. 320)

1. Mr./Ms. Yamada　2. At Professor Yamashita's house. You should bring some drinks.　3. Go out the No. 3 exit of West Station and walk to the left for three minutes.　4. You can stay with a Japanese family in Tohoku.

III. (p. 322)

A. c

B. ピザ, アイスクリーム, ワイン

C. 1. ちいさい　2. やすい　3. おもしろい　4. きます。

読み書き編 第7課

I. (p. 326)

A. 1. 文, 校, 父　2. 毎, 母　3. 人, 入　4. 京, 高

B. 1. 帰　2. 社　3. 会　4. 京, 高, 語

C. (Kanji words of this lesson) 東京　高校　学校　毎日　日本語　会社　文学　(Review words) 先生　外国人　元気　天気　出口　中国

帰	父	文	学	山	西
行	食	高	校	女	田
東	会	出	口	毎	日
京	社	母	天	時	本
右	中	元	気	先	語
外	国	人	左	生	男

II. (p. 327)

1. すこしさむいです。　2. 小さくて、しずかです。　3. コンピューターの会社ではたらいています。いそがしくて、毎日おそく帰ります。　4. とてもおもしろい人です。　5. 高校生です。よくべんきょうします。　6. 東京の大学に行っています。　7. とてもおもしろいです。

読み書き編 第8課

I. (p. 331)

A. 1. 語, 読　2. 私, 校, 新, 休　3. 時, 曜　4. 男, 思　5. 行, 作, 仕, 休, 何　6. 右, 京, 高, 語, 員, 言, 何

B. 1. 読む　2. 聞く　3. する　4. 思う　5. 作る
6. のる　7. 休む

Ⅱ. (p. 331)
C. 1.「日本の会社員とストレス」の話を読みま
した。　2. 会社員にアンケートをしました。
3. (a) 7人　(b) 3人　(c) 4人　(d) 2人　(e) 6人
4. 日本の会社員はとてもたいへんだと思いまし
た。

読み書き編 第9課

Ⅰ. (p. 336)
A. 1. 白, 百　2. 小, 少　3. 間, 聞　4. 語, 話
B. 1. 名前　2. 午前　3. 新しい　4. 天気, 雨　5.
知って

Ⅱ. (p. 336)
A. (b) → (e) → (c) → (d) → (a)
B. 1. ×　2. ×　3. ×　4. ○　5. ○　6. ×

読み書き編 第10課

Ⅰ. (p. 342)
A. 1. 正　2. 町　3. 雪　4. 朝　5. 道, 自　6. 持
7. 買　8. 道
B. 1. 売る　2. 立つ　3. 長い　4. 朝
C. 1. 買いもの　2. 持つ　3. 売っ　4. 雪　5. 長か
ったです　6. 住ん　7. 立っていました

Ⅱ. (p. 343)
C. (b) → (d) → (c) → (e) → (a) → (f)
D. 1. ×　2. ○　3. ×　4. ○　5. ×　6. ×　7. ×
8. ○

読み書き編 第11課

Ⅰ. (p. 348)
A. 紙, 好, 明, 旅, 歌, 強, 勉
B. (1) 手　(2) 近　(3) 名　(4) 病

Ⅱ. (p. 348)
C. 1. 貞子　2. ひろクン　3. ゆう　4. カオリン
5. ゆう
D. 1. 子どもに勉強をおしえたり、いっしょに歌
を歌ったりしています。　2. うんてんします。　3.
ホラー映画が好きです。　4. 歌手になりたいと思
っています。
E. 1. 一月に来ました。　2. 山にのぼったり、つ
りをしたりするのが好きです。旅行も好きです。
3. 古いおてらやじんじゃや有名なおまつりを見
に行きたいと思っています。

読み書き編 第12課

Ⅰ. (p. 354)
A. 1. 早 (early)　2. 起 (to get up)　3. 使 (to use)
4. 別 (to separate)　5. 赤 (red)　6. 青 (blue)　7. 色
(color)　8. 牛 (cow)
B. 1. 々　2. 神　3. 働　4. 度
C. 1. 使, 働　2. 連　3. 別

Ⅱ. (p. 354)
C. 1. とてもまじめな人です。毎日、朝早く起き
てはたをおっていました。　2. まじめな人です。
牛を使って、はたけで働いていました。　3. 二人
がぜんぜん働きませんでしたから。　4. 天の川の
むこうに行って、ひこぼしに会います。　5. ねが
いがかないますから。

げんき テキスト 解答
（かいとう）

◉ 会話・文法編
（かいわ　ぶんぽうへん）

会話・文法編 **第13課**
（かいわ ぶんぽうへん）（だい か）

Ⅰ-A. (p. 33)

1. 話せる 2. できる 3. 行ける 4. 寝られる 5. 来られる 6. 見られる 7. やめられる 8. 借りられる 9. 飲める 10. 待てる 11. 泳げる 12. 働ける 13. 編める

Ⅰ-B. (p. 33)

(1) メアリーさんは日本語の歌が歌えます。 (2) メアリーさんはバイオリンが弾けます。 (3) メアリーさんは空手ができます。 (4) メアリーさんはすしが食べられます。 (5) メアリーさんはピザが作れます。 (6) メアリーさんはバイクに乗れます。 (7) メアリーさんは車が運転できます。 (8) メアリーさんはセーターが編めます。 (9) メアリーさんは漢字がたくさん書けます。 (10) メアリーさんは朝早く起きられます。 (11) メアリーさんは熱いお風呂に入れます。

Ⅰ-F. (p. 35)

1. いいえ、辛すぎて食べられませんでした。 2. いいえ、難しすぎてできませんでした。 3. いいえ、熱すぎて入れませんでした。 4. いいえ、忙しすぎて出かけられませんでした。 5. いいえ、多すぎて覚えられませんでした。 6. いいえ、寒すぎて泳げませんでした。

Ⅱ-A. (p. 35)

1. 試験があるし、宿題がたくさんあるし、忙しいです。 2. 空港に近いし、便利だし、いいです。 3. 先生は厳しいし、長いレポートを書かなきゃいけないし、取りません。 4. 食べ物がおいしくなかったし、言葉がわからなかったし、楽しくなかったです。 5. ちょっと気分が悪いし、きのうもパーティーに行ったし、行きません。 6. 漢字が

読めないし、文法がわからないし、読めません。 7. 日本語が話せるし、もう大人だし、できます。 8. うそをつくし、約束を守らないし、好きじゃないです。

Ⅲ-A. (p. 37)

(1) このカレーは辛そうです。 (2) このケーキは甘そうです。 (3) この家は古そうです。 (4) このアパートは新しそうです。 (5) このマンションは便利そうです。 (6) この先生は厳しそうです。 (7) この学生は眠そうです。 (8) このおじいさんは元気そうです。 (9) このおばあさんはいじわるそうです。 (10) この子供は悲しそうです。 (11) この男の人はさびしそうです。 (12) この弁護士は頭がよさそうです。 (13) このやくざはこわそうです。

Ⅲ-B. (p. 37)

(1) 辛そうなカレーです。 (2) 甘そうなケーキです。 (3) 古そうな家です。 (4) 新しそうなアパートです。 (5) 便利そうなマンションです。 (6) 厳しそうな先生です。 (7) 眠そうな学生です。 (8) 元気そうなおじいさんです。 (9) いじわるそうなおばあさんです。 (10) 悲しそうな子供です。 (11) さびしそうな男の人です。 (12) 頭がよさそうな弁護士です。 (13) こわそうなやくざです。

Ⅳ-A. (p. 39)

1. じゃあ、取ってみます。 2. じゃあ、見てみます。 3. じゃあ、読んでみます。 4. じゃあ、食べてみます。 5. じゃあ、行ってみます。 6. じゃあ、聞いてみます。 7. じゃあ、使ってみます。

Ⅴ-A. (p. 40)

1. 自転車なら乗れますが、バイクは乗れません。 2. オーストラリアなら行ったことがありますが、ニュージーランドは行ったことがありません。

3. サッカーならしますが、ゴルフはしません。
4. 歴史なら興味がありますが、経済は興味がありません。 5. 友だちならいますが、彼女はいません。 6. 日曜日なら出かけられますが、土曜日は出かけられません。

VI-A. (p. 41)

(1) 一日に三回歯を磨きます。 (2) 一日に七時間寝ます。 (3) 一日に三時間勉強します。 (4) 一週間に一回部屋を掃除します。 (5) 一週間に二回洗濯します。 (6) 一週間に三日アルバイトをします。 (7) 一週間に五日学校に行きます。 (8) 一か月に一回映画を見に行きます。

会話・文法編 第14課

I-A. (p. 57)

(1) マフラーがほしいです／ほしくないです。
(2) 化粧品がほしいです／ほしくないです。 (3) パソコンがほしいです／ほしくないです。 (4) お皿がほしいです／ほしくないです。 (5) 自転車がほしいです／ほしくないです。

I-B. (p. 57)

(1) 子供の時、おもちゃがほしかったです／ほしくなかったです。 (2) 子供の時、指輪がほしかったです／ほしくなかったです。 (3) 子供の時、ぬいぐるみがほしかったです／ほしくなかったです。 (4) 子供の時、花がほしかったです／ほしくなかったです。 (5) 子供の時、トレーナーがほしかったです／ほしくなかったです。

II-A. (p. 59)

1. 忙しいかもしれません。でも、忙しくないかもしれません。 2. 上手かもしれません。でも、上手じゃないかもしれません。 3. けちかもしれません。でも、けちじゃないかもしれません。
4. 興味があるかもしれません。でも、興味がないかもしれません。 5. できるかもしれません。でも、できないかもしれません。 6. 話せるかもしれません。でも、話せないかもしれません。

7. あげたかもしれません。でも、あげなかったかもしれません。

III-A. (p. 61)

(1) 母に化粧品をあげます。 (2) 友だちにチョコレートをあげます。 (3) ルームメイトにＴシャツをあげます。 (4) 弟に帽子をあげます。 (5) 先生に紅茶をあげます。

III-C. (p. 62)

(1) 両親がお金をくれました。／両親にお金をもらいました。 (2) おじいさんがラジオをくれました。／おじいさんにラジオをもらいました。 (3) おばあさんが手袋をくれました。／おばあさんに手袋をもらいました。 (4) 友だちがバイクをくれました。／友だちにバイクをもらいました。 (5) おじさんが時計をくれました。／おじさんに時計をもらいました。 (6) 兄がシャツをくれました。／兄にシャツをもらいました。

III-D. (p. 62)

(1) 私はカルロスさんにチョコレートをあげました。 (2) ヤスミンさんは私にぬいぐるみをくれました。／私はヤスミンさんにぬいぐるみをもらいました。 (3) メアリーさんは私に手袋をくれました。／私はメアリーさんに手袋をもらいました。 (4) たけしさんはメアリーさんに花をあげました。／メアリーさんはたけしさんに花をもらいました。 (5) メアリーさんはたけしさんに靴をあげました。／たけしさんはメアリーさんに靴をもらいました。 (6) 私はたけしさんにまんがをあげました。 (7) ロバートさんはソラさんに本をあげました。／ソラさんはロバートさんに本をもらいました。 (8) ロバートさんは私にセーターをくれました。／私はロバートさんにセーターをもらいました。 (9) ナオミさんはけんさんにネクタイをあげました。／けんさんはナオミさんにネクタイをもらいました。 (10) けんさんは私にみかんをくれました。／私はけんさんにみかんをもらいました。

Ⅳ-A. (p. 64)

1. 先生に相談したらどうですか。 2. 会社に履歴書を送ったらどうですか。 3. パーティーに行ったらどうですか。 4. サークルに入ったらどうですか。 5. あきらめたらどうですか。 6. プロポーズしたらどうですか。 7. 彼女に指輪をあげたらどうですか。 8. 彼女の両親に会ったらどうですか。

Ⅴ-A. (p. 65)

1. 猫が二匹います。 2. 花が七本あります。 3. ネクタイが二本あります。 4. 本が六冊あります。 5. ラジオが一台あります。 6. シャツが一枚あります。 7. 雑誌が三冊あります。 8. えんぴつが三本あります。 9. みかんが二個あります。 10. お皿が三枚あります。

Ⅴ-B. (p. 65)

(1) メアリーさんはハンバーガーを一個しか食べませんでした。／ジョンさんはハンバーガーを四個も食べました。 (2) メアリーさんは本を一冊しか読みませんでした。／ジョンさんは本を六冊も読みました。 (3) メアリーさんはTシャツを三十枚も持っています。／ジョンさんはTシャツを二枚しか持っていません。 (4) メアリーさんはジュースを三本も飲みました。／ジョンさんはジュースを一本しか飲みませんでした。 (5) メアリーさんは十一時間も寝ます。／ジョンさんは五時間しか寝ません。

会話・文法編 第15課

Ⅰ-A. (p. 80)

1. 食べよう 2. 誘おう 3. 借りよう 4. 読もう 5. 来よう 6. 待とう 7. 入ろう 8. 急ごう 9. 話そう 10. 見よう 11. 書こう 12. 予約しよう

Ⅰ-B. (p. 80)

(1) サッカーをしよう（か）。 (2) 町で映画を見よう（か）。 (3) 学校で写真を撮ろう（か）。 (4) プールで泳ごう（か）。 (5) マクドナルドでハンバーガーを買おう（か）。 (6) 教室でお弁当を食べよう（か）。 (7) 山に登ろう（か）。 (8) 公園でバーベキューをしよう（か）。

Ⅱ-A. (p. 82)

1. ナオミさんは運動しようと思っています。 2. 山下先生はダイエットをしようと思っています。 3. カルロスさんはたばこをやめようと思っています。 4. ヤスミンさんは日本人の友だちをたくさん作ろうと思っています。 5. ロバートさんは一日中日本語を練習しようと思っています。 6. ソラさんは日本の習慣を調べようと思っています。 7. ウデイさんは日本で仕事を探そうと思っています。 8. ジョンさんはボランティア活動に参加しようと思っています。

Ⅲ-A. (p. 83)

1. メアリーさんは水と食べ物を買っておきます。 2. ヤスミンさんはお金をおろしておきます。 3. ロバートさんはお金を借りておきます。 4. 山下先生はうちを売っておきます。 5. ソラさんは保険に入っておきます。 6. けんさんは大きい家具を捨てておきます。 7. たけしさんはたくさん食べておきます。 8.〔解答例〕私は飛行機のチケットを買っておきます。

Ⅳ-A. (p. 85)

(1) スペイン語が話せる友だち (2) 彼女にもらった時計 (3) 去年中国に行った友だち (4) 毎日使うかばん (5) 時々行くカフェ (6) 先週見たお寺 (7) ハワイで買ったTシャツ (8) 今住んでいる家

Ⅳ-B. (p. 85)

(1) これはピカソが描いた絵です。 (2) これはベートーベンが弾いたピアノです。 (3) これはエルビス・プレスリーが着ていたジャケットです。 (4) これはバットマンが乗った車です。 (5) これはガンジーが書いた手紙です。 (6) これはクロサワが作った映画です。 (7) これはナポレオンが使った辞書です。 (8) これはチャップリンがかぶっ

ていた帽子です。

Ⅳ-D. (p. 86)

1. 妹が作った料理はおいしくないです。　2. 料理ができない人と結婚したくないです。　3. 日本の習慣についてよく知っている外国人を探しています。　4. 去年の夏に会った人にもう一度会いたいです。　5. よくしゃべる人とルームメイトになりたくないです。　6. おじさんが働いている会社はこの建物の中にあります。　7. 冬休みに温泉がある旅館に泊まろうと思っています。　8. 留学に興味があるんですが、アメリカに留学したことがある学生を知っていますか。

会話・文法編 第16課

Ⅰ-A. (p. 104)

1. 一緒にいてあげました。　2. 宿題を手伝ってあげました。　3. レポートを直してあげました。　4. 花を買ってあげました。　5. 病院に連れていってあげました。　6. 洗濯してあげました。　7. 部屋を掃除してあげました。　8. ノートを貸してあげました。　9. 先生にメールを送ってあげました。　10. お皿を洗ってあげました。

Ⅰ-C. (p. 105)

1. ホストファミリーが部屋を掃除してくれました。/ホストファミリーに部屋を掃除してもらいました。　2. ホストファミリーが洗濯してくれました。/ホストファミリーに洗濯してもらいました。　3. ホストファミリーがアイロンをかけてくれました。/ホストファミリーにアイロンをかけてもらいました。　4. ホストファミリーが迎えに来てくれました。/ホストファミリーに迎えに来てもらいました。　5. 友だちがコーヒーをおごってくれました。/友だちにコーヒーをおごってもらいました。　6. 友だちが京都に連れていってくれました。/友だちに京都に連れていってもらいました。　7. 友だちがセーターを編んでくれました。/友だちにセーターを編んでもらいました。

8. 友だちが家族の写真を見せてくれました。/友だちに家族の写真を見せてもらいました。　9. 知らない人が案内してくれました。/知らない人に案内してもらいました。　10. 知らない人が道を教えてくれました。/知らない人に道を教えてもらいました。　11. 知らない人が荷物を持ってくれました。/知らない人に荷物を持ってもらいました。　12. 知らない人が千円貸してくれました。/知らない人に千円貸してもらいました。

Ⅰ-E. (p. 105)

(1) お父さんが美術館に連れていってくれました。/お父さんに美術館に連れていってもらいました。　(2) お父さんがアイスクリームを買ってくれました。/お父さんにアイスクリームを買ってもらいました。　(3) ホストファミリーに家族の写真を見せてあげました。　(4) お母さんが傘を貸してくれました。/お母さんに傘を貸してもらいました。　(5) ひなさんに英語を教えてあげました。

Ⅱ-A. (p. 107)

1. 自転車を貸してくれない？　2. 本を返してくれない？　3. 友だちを紹介してくれない？　4. ノートを見せてくれない？　5. 六時に起こしてくれませんか。　6. 駅に迎えに来てくれませんか。　7. お弁当を作ってくれませんか。　8. 宿題を手伝ってくれませんか。　9. 文法を説明していただけませんか。　10. 推薦状を書いていただけませんか。　11. 英語に訳していただけませんか。　12. 作文を直していただけませんか。

Ⅲ-A. (p. 108)

1. いい天気だといいですね。　2. 寒くないといいですね。　3. 楽しいといいですね。　4. 大学院に入れるといいですね。　5. 奨学金がもらえるといいですね。　6. いい研究ができるといいですね。　7. 先生が宿題を集めないといいですね。　8. 先生が授業に来ないといいですね。　9. 台風が来て、今日授業がないといいですね。

Ⅳ-A. (p. 110)

(1) 眠い時、コーヒーを飲みます。 (2) わからない時、人に聞きます。 (3) 日本語で手紙を書いた時、先生に見てもらいます。 (4) ホームシックの時、両親に電話します。 (5) 友だちの家に行く時、ケーキを買います。 (6) ひまな時、ゲームをします。 (7) おいしいピザが食べたい時、レストランに行きます。 (8) 朝寝坊した時、タクシーに乗ります。

Ⅳ-B. (p. 111)

1. 友だちが来た時、私の町を案内します。 2. さびしい時、友だちに電話します。 3. 電車に乗る時、切符を買います。 4. 写真を撮る時、「チーズ」と言います。 5. ひまな時、料理をします。 6. ディズニーランドに行った時、ミッキーのぬいぐるみを買いました。 7. 友だちが病気の時、一緒にいてあげます。 8. かぜをひいた時、病院に行きます。

Ⅴ-A. (p. 112)

1. 授業中に話してすみませんでした。 2. 授業中に寝てすみませんでした。 3. 遅刻してすみませんでした。 4. 教科書を持ってこなくてすみませんでした。 5. 返事が遅くなってごめん。 6. 約束を守らなくてごめん。 7. パーティーに行かなくてごめん。 8. 迎えに行けなくてごめん。

会話・文法編 第17課

Ⅰ-A. (p. 125)

1. 今、サラリーマンだそうです。 2. 仕事はすごく大変だそうです。 3. 寝る時間がないそうです。 4. 彼女に会えないそうです。 5. (ナオミさんは)横浜に行ったそうです。 6. 中華街は混んでいたそうです。 7. ラーメンを食べたそうです。 8. ラーメンはおいしかったそうです。 9. おみやげは買わなかったそうです。

Ⅱ-A. (p. 126)

1. 発表しなきゃいけないって。 2. トムさんとま

いさんは付き合っているって。 3. きのうの夜、三時間しか寝なかったって。 4. 田中さんは離婚したって。 5. アルバイトをやめたって。 6. 六月にイギリスに帰らなきゃいけないって。 7. 日本は危なくないって。

Ⅲ-A. (p. 127)

1. 友だちがたくさんできたら、うれしいです。 2. 成績がよかったら、うれしいです。 3. 日本に行けたら、うれしいです。 4. 学校が休みだったら、うれしいです。 5. 宿題がなかったら、うれしいです。 6. プレゼントをもらったら、うれしいです。 7. 物価が安かったら、うれしいです。 8. 雨が降らなかったら、うれしいです。 9. 弁護士になれたら、うれしいです。 10. 先生がやさしかったら、うれしいです。

Ⅲ-B. (p. 127)

1. e（太ったら、ダイエットをしなきゃいけません。） 2. g（動物園に行ったら、パンダが見られます。） 3. b（宿題が終わらなかったら、どこにも行けません。） 4. i（寒かったら、ヒーターをつけたほうがいいですよ。） 5. c（安い電子レンジがあったら、買おうと思っています。） 6. f（友だちが病気だったら、薬を買いに行ってあげます。） 7. a（部屋がきれいじゃなかったら、掃除します。） 8. h（お客さんが来たら、お茶をいれてください。）

Ⅳ-A. (p. 128)

1. カルロスさんは単語を覚えなくてもいいです。 2. カルロスさんは漢字を練習しなくてもいいです。 3. カルロスさんは日本語を話さなくてもいいです。 4. カルロスさんは朝早く起きなくてもいいです。 5. カルロスさんは学校に行かなくてもいいです。 6. カルロスさんはお皿を洗わなくてもいいです。 7. カルロスさんは洗濯しなくてもいいです。 8. カルロスさんは料理しなくてもいいです。 9. カルロスさんは自分の部屋を掃除しなくてもいいです。 10. カルロスさんは早く帰らなくてもいいです。

V-A. (p. 130)
(1) 紙みたいですね。 (2) スプーンみたいですね。
(3) ブーツみたいですね。 (4) ぬいぐるみみたい
ですね。 (5) 猫みたいですね。 (6) バットマンみ
たいですね。 (7) マリオみたいですね。

VI-A. (p. 132)
(1) 靴を脱いでから、部屋に入ります。 (2) 歯を
磨いてから、髪をとかします。 (3) ひげをそって
から、顔を洗います。 (4) コンタクトを入れてか
ら、化粧します。 (5) かぎをかけてから、出か
けます。 (6) お湯を沸かしてから、お茶をいれま
す。 (7) お祈りしてから、寝ます。

VI-B. (p. 133)
(1) 部屋に入る前に、靴を脱ぎます。 (2) 髪をと
かす前に、歯を磨きます。 (3) 顔を洗う前に、ひ
げをそります。 (4) 化粧する前に、コンタクト
を入れます。 (5) 出かける前に、かぎをかけます。
(6) お茶をいれる前に、お湯を沸かします。 (7)
寝る前に、お祈りします。

会話・文法編 第18課

I-A. (p. 146)
1. (a) ドアを閉めます。 (b) ドアが閉まります。
2. (a) 電気をつけます。 (b) 電気がつきます。 3.
(a) ろうそくを消します。 (b) ろうそくが消えま
す。 4. (a) 服を汚します。 (b) 服が汚れます。
5. (a) おもちゃを壊します。 (b) おもちゃが壊れ
ます。 6. (a) 犬を入れます。 (b) 犬が入ります。
7. (a) 猫を出します。 (b) 猫が出ます。 8. (a) ペ
ンを落とします。 (b) ペンが落ちます。 9. (a) お
湯を沸かします。 (b) お湯が沸きます。

II-A. (p. 147)
(1) 銀行が開いています。 (2) カフェが閉まって
います。 (3) エアコンがついています。 (4) テレ
ビが消えています。 (5) 虫が入っています。 (6)
冷蔵庫が壊れています。 (7) シャツが汚れていま
す。 (8) お金が落ちています。 (9) お湯が沸いて

います。 (10) 犬が出ています。

III-A. (p. 149)
1. もう宿題をしてしまいました。 2. もうレポー
トを書いてしまいました。 3. もう本を読んでし
まいました。 4. もう発表の準備をしてしまいま
した。 5. もう部屋を片付けてしまいました。 6.
もう洗濯してしまいました。

III-B. (p. 150)
1. 友だちにパソコンを借りたんですが、壊してし
まいました。 2. 給料をもらったんですが、全部
使ってしまいました。 3. 急いでいたので、ころ
んでしまいました。 4. きのう寒かったので、か
ぜをひいてしまいました。 5. きのうあまり寝な
かったので、授業中に寝てしまいました。 6. ゆ
みさんが好きだったんですが、ゆみさんは結婚し
てしまいました。 7. 今日までに家賃を払わなき
ゃいけなかったんですが、忘れてしまいました。
8. 朝寝坊したので、電車に乗り遅れてしまいまし
た。

III-C. (p.150)
(1) 実はシャンプーを使っちゃった。 (2) 実は日
記を読んじゃった。 (3) 実は雑誌を捨てちゃっ
た。 (4) 実はカメラを壊しちゃった。 (5) 実はか
ぎをなくしちゃった。 (6) 実はセーターを汚しち
ゃった。

IV-A. (p. 151)
1. c (電気をつけると明るくなります。) 2. g (窓
を開けると虫が入ります。) 3. a (日本語を話さ
ないと日本語が上手になりません。) 4. f (友だ
ちから返事が来ないと不安になります。) 5. b
(暗い所で本を読むと目が疲れます。) 6. d (春に
なると桜が咲きます。)

V-A. (p. 153)
(1) 音楽を聞きながら歯を磨きます。／歯を磨きな
がら音楽を聞きます。 (2) テレビを見ながら勉
強します。／勉強しながらテレビを見ます。 (3)

歌を歌いながらお皿を洗います。／お皿を洗いながら歌を歌います。 (4) お風呂に入りながら考えます。／考えながらお風呂に入ります。 (5) 友だちと話しながらご飯を食べます。／ご飯を食べながら友だちと話します。 (6) 歩きながら電話します。／電話しながら歩きます。 (7) ポップコーンを食べながら映画を見ます。／映画を見ながらポップコーンを食べます。

Ⅵ-A. (p. 154)

1. 読めば 2. 来れば 3. 見れば 4. 話せば 5. すれば 6. 使えば 7. 遊べば 8. 起きれば 9. 来なければ 10. 食べなければ 11. 聞かなければ 12. 使わなければ 13. しなければ

Ⅵ-B. (p. 154)

(1) 勉強すればよかったです。 (2) 歯を磨けばよかったです。 (3) ホテルを予約すればよかったです。 (4) シャワーを浴びればよかったです。 (5) 友だちを作ればよかったです。 (6) 食べすぎなければよかったです。 (7) 買いすぎなければよかったです。 (8) 夜遅くテレビを見なければよかったです。 (9) 友だちとけんかしなければよかったです。

会話・文法編 第19課

Ⅰ-A. (p. 170)

(a) 1. 召し上がる 2. おっしゃる 3. いらっしゃる 4. なさる 5. お休みになる 6. いらっしゃる 7. ご覧になる 8. 召し上がる 9. 住んでいらっしゃる 10. 結婚していらっしゃる 11. くださる

(b) 1. おわかりになる 2. お調べになる 3. お読みになる 4. お聞きになる 5. お座りになる 6. お立ちになる 7. お乗りになる 8. お入りになる 9. お待ちになる 10. お似合いになる

Ⅰ-B. (p. 170)

(1) 山下先生はバスにお乗りになります。 (2) 山下先生は大学にいらっしゃいます。 (3) 山下先生

は電話なさいます。 (4) 山下先生は昼ご飯を召し上がります。 (5) 山下先生はパソコンをお使いになります。 (6) 山下先生は家にお帰りになります。 (7) 山下先生は料理をなさいます。 (8) 山下先生はテレビをご覧になります。 (9) 山下先生は本をお読みになります。 (10) 山下先生はお休みになります。

Ⅰ-C. (p. 171)

1. お名前は何とおっしゃいますか。 2. どちらに住んでいらっしゃいますか。 3. どんな音楽をよくお聞きになりますか。 4. 車を持っていらっしゃいますか。 5. ご兄弟／お子さんがいらっしゃいますか。 6. 週末、よく何をなさいますか。 7. 週末、どちらへよくいらっしゃいますか。 8. 今朝、何を召し上がりましたか。 9. 外国にいらっしゃったことがありますか。 10. どんな外国語をお話しになりますか。 11. 最近、映画をご覧になりましたか。 12. 毎日、何時ごろお休みになりますか。 13. 日本の歌を知っていらっしゃいますか。 14. ペットを飼っていらっしゃいますか。 15. どんなスポーツをなさいますか。 16. お酒を召し上がりますか。 17. 結婚していらっしゃいますか。 18. 有名人にお会いになったことがありますか。 19. なぜ日本語を勉強していらっしゃるんですか。

Ⅱ. (p. 172)

(1) f (2) h (3) c (4) g (5) a (6) i (7) b (8) e (9) d

Ⅲ-A. (p. 173)

1. ノートを見せてくれてありがとう。 2. うちまで送ってくれてありがとう。 3. 宿題を手伝ってくれてありがとう。 4. 部屋を片付けてくれてありがとう。 5. 昼ご飯をおごってくれてありがとう。 6. 推薦状を書いてくださってありがとうございました。 7. 宿題の間違いを直してくださってありがとうございました。 8. パーティーに招待してくださってありがとうございました。 9.

日本の文化を教えてくださってありがとうござい
ました。　10. 辞書を貸してくださってありがと
うございました。

Ⅳ-A. (p. 174)

1. この大学を選んでよかったです。　2. 日本語の
勉強をやめなくてよかったです。　3. いろいろな
人と知り合えてよかったです。　4. 敬語を習って
よかったです。　5. サークルに入ってよかったで
す。　6. ボランティア活動に参加してよかったで
す。　7. 寮に引っ越してよかったです。　8. 授業
をサボらなくてよかったです。

Ⅴ-A. (p. 175)

1. ええ。大きい家に住んでいるから、お金持ちの
はずです。　2. いいえ。ベジタリアンだから、肉
を食べないはずです。　3. ええ。性格がいいから、
女の人にもてるはずです。　4. ええ。テレビ局で
働いているから、有名人に会ったことがあるは
ずです。　5. いいえ。まじめな学生だから、授業
をサボらないはずです。　6. ええ。中国に一年留
学していたから、中国語が話せるはずです。　7.
ええ。テニスのサークルに入っているから、テニ
スが上手なはずです。　8. ええ。一人で住んでい
るから、自分で洗濯や掃除をするはずです。

Ⅴ-C. (p. 176)

1. 十時のバスに乗るはずでしたが、乗り遅れて
しまいました。　2. 天気予報によると晴れるはず
でしたが、雨が降ってしまいました。　3. おしゃ
れなレストランに行くはずでしたが、道に迷って
しまいました。　4. コンサートに行くはずでした
が、チケットを忘れてしまいました。　5. デート
は楽しいはずでしたが、メアリーさんは怒ってし
まいました。

会話・文法編 第20課

Ⅰ-A. (p. 191)

1. いただきます　2. 申します　3. 参ります　4.
いたします　5. おります　6. ございます　7. い

ただきます　8. あちらでございます

Ⅰ-B. (p. 191)

(1) c　(2) b　(3) e　(4) a　(5) f　(6) d

Ⅰ-C. (p. 192)

1. A：いつ日本にいらっしゃいましたか。B：先
月参りました。　2. A：どちらに住んでいらっし
ゃいますか。B：名古屋に住んでおります。　3.
A：お酒をよく召し上がりますか。B：少しいた
だきます。　4. A：ご兄弟がいらっしゃいますか。
B：兄が一人おります。　5. A：何かスポーツを
なさいますか。B：はい、サッカーをいたします。
6. A：毎日何時間日本語を勉強なさいますか。B：
二時間ぐらい勉強いたします。　7. A：毎日何時
ごろ晩ご飯を召し上がりますか。B：七時ごろい
ただきます。　8. A：週末はどこかへいらっしゃ
いましたか。B：はい、美術館へ参りました。
9. A：日本文学に興味がおありになりますか。B：
はい、ございます。

Ⅰ-D. (p. 192)

ビル・テイラーと申します。トマス銀行から参り
ました。横浜支店で働いております。どうぞよ
ろしくお願いいたします。

Ⅱ-A. (p. 193)

1. お借りする　2. お返しする　3. お送りする　4.
お持ちする　5. お取りする　6. お話しする　7.
お読みする　8. お貸しする　9. いただく　10. さ
しあげる　11. ご紹介する　12. ご案内する

Ⅱ-B. (p. 193)

(1) お取りしましょうか。　(2) お手伝いしましょ
うか。　(3) お送りしましょうか。　(4) お書きしま
しょうか。　(5) お撮りしましょうか。　(6) お貸し
しましょうか。　(7) お調べしましょうか。

Ⅱ-D. (p. 195)

1. (a) 召し上がります　(b) おいれします　2. (a)
お読みになりました　(b) お借りして　(c) お返し
します　3. (a) お持ちします　(b) いらっしゃる

(c) お送りします　4. (a) 申します　(b) お会いしたい　(c) ございません　(d) おります　(e) お戻りになります

Ⅲ-A. (p. 196)

1. (a) たけしさんは朝ご飯を食べないで、会社に行きました。　(b) たけしさんは顔を洗わないで、会社に行きました。　(c) たけしさんは歯を磨かないで、会社に行きました。　2. (a) メアリーさんは晩ご飯を食べないで、寝ました。　(b) メアリーさんは宿題をしないで、寝ました。　(c) メアリーさんはお風呂に入らないで、寝ました。　3. (a) ジョンさんは天気予報を見ないで、出かけました。　(b) ジョンさんは財布を持たないで、出かけました。　(c) ジョンさんはかぎをかけないで、出かけました。

Ⅳ-A. (p. 197)

1. さあ、日本人かどうかわかりません。　2. さあ、学生かどうかわかりません。　3. さあ、結婚しているかどうかわかりません。　4. さあ、子供がいるかどうかわかりません。　5. さあ、字が書けるかどうかわかりません。　6. さあ、何歳かわかりません。　7. さあ、仕事は何をしているかわかりません。　8. さあ、どこに住んでいるかわかりません。　9. さあ、今日何を食べたかわかりません。　10. さあ、きのう何をしたかわかりません。　11. さあ、どうやってここに来たかわかりません。

Ⅴ-A. (p. 198)

(1) まるいという会社　(2) カーサというレストラン　(3) あかしという町　(4) ポチという犬　(5)「キッチン」という小説　(6) ラムネという飲み物　(7) ポッキーというお菓子　(8) ナマケモノという動物

Ⅵ-A. (p. 199)

(1) ハンバーガーは食べやすいですが、魚は食べにくいです。　(2) げたは歩きにくいですが、スニーカーは歩きやすいです。　(3) メアリーさんのかばんは持ちやすいですが、たけしさんのかばんは持ちにくいです。　(4) ソラさんの話はわかりやすいですが、けんさんの話はわかりにくいです。　(5) 紙の辞書は使いにくいですが、スマホの辞書は使いやすいです。　(6) せまい道は運転しにくいですが、広い道は運転しやすいです。　(7) ソラさんの字は読みやすいですが、ロバートさんの字は読みにくいです。

会話・文法編 第21課

Ⅰ-A. (p. 217)

1. 食べられる　2. やめられる　3. なくされる　4. される　5. 捨てられる　6. 壊される　7. 見られる　8. 笑われる　9. うそをつかれる　10. 連れていかれる　11. ばかにされる　12. たばこを吸われる　13. 立たれる　14. 来られる　15. 怒られる　16. 盗まれる

Ⅰ-B. (p. 217)

(1) たけしさんはメアリーさんに笑われました。　(2) たけしさんは友だちに足を踏まれました。　(3) たけしさんはどろぼうに財布を盗まれました。　(4) たけしさんは友だちになぐられました。　(5) たけしさんは赤ちゃんに泣かれました。　(6) たけしさんは雨に降られました。　(7) たけしさんは蚊に刺されました。　(8) たけしさんはあやかさんにふられました。　(9) たけしさんはちかんにさわられました。　(10) たけしさんは子供の時、友だちにいじめられました。　(11) たけしさんは子供の時、おじさんに怒られました。

Ⅱ-A. (p. 219)

(1) 電気が消してあります。　(2) エアコンがつけてあります。　(3) カーテンが開けてあります。　(4) 名前が書いてあります。　(5) 窓が閉めてあります。　(6) プレゼントが包んであります。　(7) ポスターがはってあります。

Ⅲ-A. (p. 221)

1. 社長が着替えている間に、車にガソリンを入れます。　2. 社長がカフェで朝ご飯を食べている

間に、コンビニでお弁当を買います。 3. 社長が新聞を読んでいる間に、お弁当を食べます。 4. 社長が会議に出ている間に、昼寝をします。 5. 社長が工場を見に行っている間に、電話で友だちと話します。 6. 社長がパーティーで飲んでいる間に、車の中でコーヒーを飲みます。

Ⅳ-A. (p. 222)

1. 町をきれいにします。 2. 病院を新しくします。 3. 町を安全にします。 4. 環境をよくします。 5. 税金を安くします。 6. 学校の休みを長くします。 7. 道を広くします。 8. 町を有名にします。

Ⅴ-A. (p. 223)

1. 両親に私と兄を比べないでほしいです。 2. 友だちに日本語の勉強を続けてほしいです。 3. 友だちに遠い所に行かないでほしいです。 4. 同僚に夢をあきらめないでほしいです。 5. 先生にもっと学生をほめてほしいです。 6. 昔の彼氏に私を忘れてほしいです。 7. 昔の彼女に幸せになってほしいです。 8. 親に私を信じてほしいです。

会話・文法編 第22課

Ⅰ-A. (p. 238)

1. やめさせる 2. 働かせる 3. 飲ませる 4. 持たせる 5. あきらめさせる 6. 来させる 7. 考えさせる 8. 習わせる 9. 取らせる 10. 拾わせる 11. 帰らせる 12. 運ばせる 13. 持っていかせる 14. 練習させる

Ⅰ-B. (p. 238)

(a) (1) 後輩にお弁当を買いに行かせます。 (2) 後輩に荷物を運ばせます。 (3) 後輩に部屋を片付けさせます。 (4) 後輩に車を運転させます。 (5) 後輩にボールを拾わせます。 (6) 後輩に宿題をさせます。

(b) (1) 部下にコピーを取らせます。 (2) 部下にお茶をいれさせます。 (3) 部下に残業させます。 (4) 部下に空港に迎えに来させます。 (5) 部下に

お客さんを案内させます。 (6) 部下に安いホテルを探させます。

Ⅱ-A. (p. 241)

1. 子供の時、両親は夜遅くテレビを見させてくれませんでした。 2. 子供の時、両親は友だちの家に泊まらせてくれました。 3. 子供の時、両親はゲームをさせてくれました。 4. 子供の時、両親はお菓子をたくさん食べさせてくれませんでした。 5. 子供の時、両親は学校を休ませてくれませんでした。 6. 高校の時、両親は車の免許を取らせてくれました。 7. 高校の時、両親は友だちと旅行させてくれませんでした。 8. 高校の時、両親はアルバイトをさせてくれました。

Ⅱ-D. (p. 242)

1. 私に出張に行かせてください。 2. 私にお客さんを案内させてください。 3. 私に書類を翻訳させてください。 4. 私にその仕事をやらせてください。 5. 私に次のプロジェクトの計画を立てさせてください。 6. 私にお嬢さんと結婚させてください。

Ⅲ-A. (p. 243)

1. 野菜を食べなさい。 2. 勉強しなさい。 3. 早く寝なさい。 4. ピアノを練習しなさい。 5. お風呂に入りなさい。 6. 外で遊びなさい。 7. 早くうちに帰りなさい。

Ⅳ-A. (p. 243)

1. a（風が吹けば、涼しくなります。） 2. g（試験がなければ、遊びに行けます。） 3. e（走れば、授業に間に合います。） 4. f（予習をすれば、授業がよくわかります。） 5. c（友だちに電話すれば、迎えに来てくれます。） 6. b（無駄遣いしなければ、ほしいものが買えます。）

Ⅳ-B. (p. 244)

(1) ジェスチャーを使えば大丈夫ですよ。 (2) 先生に頼めば大丈夫ですよ。 (3) 早く洗えば大丈夫ですよ。 (4) 夢をあきらめなければ大丈夫で

すよ。 (5) 今度がんばれば大丈夫ですよ。 (6) 朝ご飯を食べなければ大丈夫ですよ。 (7) 神様にお願いすれば大丈夫ですよ。

V-A. (p. 245)

1. f (かぎがかけてあったのに、どろぼうに入られました。) 2. h (いい天気なのに、家でごろごろしています。) 3. g (きのうの夜早く寝たのに、朝寝坊してしまいました。) 4. b (この会社の仕事は楽なのに、やめる人が多いです。) 5. e (ぜんぜん練習しなかったのに、試合に勝ちました。) 6. c (あの二人は仲がよかったのに、別れたそうです。) 7. a (徹夜したのに、眠くないです。)

Ⅵ-A. (p. 246)

(1) 私は新幹線のように速く走れます。 (2) 私はオペラ歌手のように歌が上手です。 (3) 私はぬいぐるみのようにかわいいです。 (4) 私は鳥のように飛べます。 (5) 私は猿のように木に登れます。 (6) 私は山下先生のようにまじめです。

会話・文法編 第23課

I-A. (p. 260)

1. 食べさせられる 2. やめさせられる 3. 受けさせられる 4. 取らされる 5. 作らされる 6. 待たされる 7. 習わされる 8. 歌わされる 9. 話させられる 10. 迎えに行かされる 11. 世話をさせられる 12. 戻ってこさせられる

I-B. (p. 260)

(1) けんたさんはゆいさんに買い物に付き合わされます。 (2) けんたさんはゆいさんに駅に迎えに行かされます。 (3) けんたさんはゆいさんに高い服を買わされます。 (4) けんたさんはゆいさんに犬の世話をさせられます。 (5) けんたさんはゆいさんにお弁当を作らされます。 (6) ゆいさんはけんたさんに夕食をおごらされます。 (7) ゆいさんはけんたさんにアイロンをかけさせられます。 (8) ゆいさんはけんたさんに部屋を掃除させられます。 (9) ゆいさんはけんたさんに毎晩会社の文句を聞かされます。 (10) ゆいさんはけんたさんに靴を磨かされます。

I-C. (p. 261)

1. A：子供の時、お皿を洗わされましたか。 B：はい、洗わされました／いいえ、洗わされませんでした。 2. A：子供の時、自分の部屋を掃除させられましたか。 B：はい、掃除させられました／いいえ、掃除させられませんでした。 3. A：子供の時、ピアノを習わされましたか。 B：はい、習わされました／いいえ、習わされませんでした。 4. A：子供の時、毎日勉強させられましたか。 B：はい、勉強させられました／いいえ、勉強させられませんでした。 5. A：子供の時、妹／弟の世話をさせられましたか。 B：はい、させられました／いいえ、させられませんでした。 6. A：子供の時、きらいな物を食べさせられましたか。 B：はい、食べさせられました／いいえ、食べさせられませんでした。 7. A：子供の時、料理を手伝わされましたか。 B：はい、手伝わされました／いいえ、手伝わされませんでした。 8. A：子供の時、塾に行かされましたか。 B：はい、行かされました／いいえ、行かされませんでした。

Ⅱ-A. (p. 262)

1. 学生が授業中に寝ていても、絶対に怒りません。 2. 学生が質問に答えられなくても、絶対に怒りません。 3. 学生に文句を言われても、絶対に怒りません。 4. 学生がカンニングしても、絶対に怒りません。 5. サークルの練習が厳しくても、絶対に我慢します。 6. 先輩がいじわるでも、絶対に我慢します。 7. 先輩に荷物を持たされても、絶対に我慢します。 8. 友だちと遊ぶ時間がなくても、絶対に我慢します。 9. 十年待っても、絶対にメアリーと結婚します。 10. 親に反対されても、絶対にメアリーと結婚します。 11. 今は離れていても、絶対にメアリーと結婚します。 12. 言葉や文化が違っても、絶対にメアリーと結婚します。

Ⅱ-B. (p. 263)

1. いいえ。授業がつまらなくても、先生に文句を言いません。 2. いいえ。先生に怒られても、泣きません。 3. いいえ。試験の結果が悪くても、落ち込みません。 4. いいえ。友だちとけんかしても、自分から謝りません。 5. いいえ。宝くじに当たっても、みんなにおごってあげません。 6. いいえ。スーパーで袋がただでも、もらいません。 7. いいえ。道に迷っても、だれにも聞きません。 8. いいえ。レストランで子供がうるさくても、注意しません。 9. いいえ。自分が作った料理がまずくても、捨てません。 10. いいえ。誕生日のプレゼントが靴下でも、がっかりしません。

Ⅲ-A. (p. 264)

1. ヤスミンさんは日本の社会について研究することにしました。 2. カルロスさんは日本の会社で面接を受けることにしました。 3. たけしさんは会社をやめて、新しい仕事を探すことにしました。 4. ゆいさんは留学することにしました。 5. 山下先生は中国で日本語を教えることにしました。 6. メアリーさんのホストファミリーはアメリカにメアリーさんに会いに行くことにしました。 7. けんさんは小学校の先生になることにしました。 8. ジョンさんは日本で空手を習うから、オーストラリアに帰らないことにしました。

Ⅳ-A. (p. 265)

(1) たけしさんは悪口を言わないことにしています。 (2) メアリーさんは週末に図書館で勉強することにしています。 (3) メアリーさんは一日に二回、犬と散歩することにしています。 (4) メアリーさんはテレビを見ながら勉強しないことにしています。 (5) メアリーさんはわからない時、人に聞くことにしています。 (6) たけしさんは悲しくても泣かないことにしています。 (7) メアリーさんは母の日に、花を買ったり、料理をしたりすることにしています。 (8) たけしさんは寝る前にコーヒーを飲まないことにしています。

Ⅴ-A. (p. 266)

1. メアリーさんは今学期が終わるまで、日本にいるつもりです。 2. ソラさんは日本語がぺらぺらになるまで、日本にいるつもりです。 3. ロバートさんはお金がなくなるまで、日本にいるつもりです。 4. カルロスさんは死ぬまで、日本にいるつもりです。 5. ジョンさんは理想の相手を見つけるまで、結婚しません。 6. けんさんは好きなチームが優勝するまで、結婚しません。 7. ナオミさんは百万円ためるまで、結婚しません。 8. ウデイさんは三十歳になるまで、結婚しません。

Ⅵ-A. (p. 268)

1. すみませんが、おいしいコーヒーのいれ方を教えてくれませんか。 2. すみませんが、アイロンのかけ方を教えてくれませんか。 3. すみませんが、自転車の乗り方を教えてくれませんか。 4. すみませんが、運転のし方を教えてくれませんか。 5. すみませんが、ギターの弾き方を教えてくれませんか。 6. すみませんが、調査のし方を教えてくれませんか。 7. すみませんが、すしの作り方を教えてくれませんか。 8. すみませんが、新幹線の予約のし方を教えてくれませんか。 9. すみませんが、ケーキの焼き方を教えてくれませんか。 10. すみませんが、着物の着方を教えてくれませんか。

読み書き編

読み書き編 第13課

Ⅱ. (p. 276)

A. 1. (1) c (2) a (3) d (4) b
C. 1. ○ 2. × 3. × 4. ○ 5. × 6. ○ 7. × 8. ×

Ⅲ. (p. 279)

C. 1. 電車が三分遅く着きましたから。 2. ドアが自動だし、チップもいりませんから。 3. お弁

当とデザートを買います。 4.コンビニで水着が買えますから。

読み書き編 第14課

Ⅱ. (p. 283)

C. ① 1.大学時代の先輩です。やさしくて、仕事もできる人です。 2.仕事をやめたくないからです。 ② 1.英語で話します。ホストファミリーは英語を話したがっているからです。 2.英語で話します。みんなの英語はこの人の日本語より上手だからです。 3.この人は日本語で話しますが、お店の人は英語を話します。 ③ 1.去年乗りました。気分が悪くて大変でした。 2.27時間ぐらい飛行機に乗っていなければいけないからです。

読み書き編 第15課

Ⅱ. (p. 288)

A. 3. a —(4) b —(3) c —(1) d —(2)

C. 1. a.広島です。1945年8月6日です。二十万人の人が死にました。 b.原爆について読んだり、写真を見たりできます。 c.小さい島で、有名な神社があります。 d.島にいる鹿はたいていおなかがすいているからです。

D. ジョンさん—広島・宮島(海や山がきれいで、鹿もいるからです。) ケリーさん—沖縄(ビーチがきれいだし、一年中スポーツが楽しめるからです。) ナオミさん—東京(渋谷が若者のファッションで有名な場所だからです。) ウデイさん—京都(嵐山で紅葉が見られるからです。)

読み書き編 第16課

Ⅱ. (p. 295)

C. 1.未来から来ました。 2.未来のいろいろな便利な「ひみつ道具」を持っています。 3.覚えたいことをそのパンに写して食べます。すると、覚えられます。 4.行きたい所を考えて、ドアを開けます。すると、ドアの向こうにはその場所が

あります。 5.テストの前にトイレに行ったので、何も覚えていませんでした。 6.夢をたくさんくれます。弱い子供の味方です。いろいろなことを教えてくれます。 7.シンガポール、ベトナムなどで見られます。

D. d → f → e → c → a → b

読み書き編 第17課

Ⅱ. (p. 301)

A. 1. b —(1) c —(6) d —(7) e —(3) f —(5) g —(2)

C.

1933年	オノ・ヨーコ(小野洋子) 東京で生まれる
1953年	アメリカに行く
1964年	『グレープフルーツ』を発表する
1966年	イギリスで展覧会をする
1969年	ジョン・レノンと結婚する
1971年	ジョンが「イマジン」を発表する
1975年	男の子ショーンが生まれる
1980年	ジョンとアルバムを発表する
	ジョンが銃で撃たれる

読み書き編 第18課

Ⅱ. (p. 308)

B. 1.アルバイトをしている人のほうが多いです。 2.48パーセントです。 3.「旅行したい」です。 4.「洋服が買いたい」です。

Ⅲ. (p. 310)

B. 1.大学の近くのワンルームマンションに住んでいます。家賃は一か月五万円です。 2.家庭教師をしたり、大学の食堂で働いたりしています。時々、引っ越しなどの力仕事もします。 3.いい学生じゃないと思います。よく遅刻したり、授業をサボったりするからです。 4.先輩たちと親し

くなれたし、今の彼女にも会えました。 5. 勉強
しなければいけません。 6. サークルのみんなと
旅行に行くのを楽しみにしています。

読み書き編 第19課

Ⅱ. (p. 316)

A. 2. a.夏　b.春　c.冬　d.秋

C. 1. 大学の授業でいそがしかったからです。 2.
お父さんが作ってくれたカレーがなつかしいで
す。 3. 自分で漢字を勉強しようと思っていま
す。 4. 来年大学を卒業したら、日本にもどるつ
もりです。

Ⅲ. (p. 318)

B.

マリアさんは今カリフォルニア大学で政治を勉強
しています。

卒業したら、日本の大学院で国際政治を勉強した
いと思っています。

パクさんは日本の大学院で電気工学を研究してい
ます。……

1) パクさんは日本語の試験のためにどんな勉強
をしましたか。

2) 奨学金の申し込みをしたいのですが、どうし
たらいいですか。

3) 留学生がアルバイトを見つけるのはむずかし
いですか。

読み書き編 第20課

Ⅱ. (p. 323)

C. 1. いなかに行って古い物を買い、江戸でそれ
を高い値段で売っていました。 2. 三百両です。
3. 猫といっしょに皿も持っていこうと思ったか
らです。 4. 三両で買いました。 5. いいえ、持
って帰りませんでした。 6. 家に置くとあぶない
し、猫が三両で売れるからです。 7. 茶店の主人
のほうがかしこいです。

読み書き編 第21課

Ⅱ. (p. 330)

C. 1.(1) 台風で家が壊れてしまいました。 (2)
飼っていた犬に死なれました。 (3) 急に重い病気
になって入院しなければいけませんでした。 2.
いいえ、信じていませんでした。 3. 外国で勉強
することでした。 4. 若い日本人の留学生は、親
にお金を送ってもらって、ぜいたくをしています
が、この人はぜいたくができません。 5. どろぼ
うにアパートに入られました。 6. パソコンとカ
メラと時計と自転車を取られました。 7. バスで
通います。 8. 厄年だから、悪いことが起こった
と思っています。 9. 少し信じています。

読み書き編 第22課

Ⅱ. (p. 336)

C. 1, 3

D. 1. 涼と会っていたからです。 2.「出張で大
阪に行けない」と言いましたが、本当は大阪で夏
菜と会っていました。本当のことが言えなかった
からです。

読み書き編 第23課

Ⅱ. (p. 342)

A. 1.〔解答例〕SNS やメールやメッセージで見ま
した。(1)うれしい　(2)病気　(3)困った、悲し
い、はずかしい　(4)わからない

C. 1. 自分の気持ちを簡単に伝えられるからで
す。 2. 絵文字のほうがよく使われます。 3. 日
本で生まれました。 4. 日本語の顔文字は顔が縦
になっていますが、英語の顔文字は横になってい
ます。また、日本語の顔文字は目で表情を表すも
のが多いですが、英語の顔文字は口で表情を表す
ものが多いです。 5.「お願いします」「ごめんな
さい」という意味です。

げんき I　ワークブック 解答
（かいとう）

◉ 会話・文法編
（かいわ）（ぶんぽうへん）

あいさつ　p. 13

1. おはよう。　2. ありがとう。　3. こんばんは。
4. すみません。　5. いただきます。　6. ごちそうさま（でした）。　7. いってきます。　8. いってらっしゃい。　9. ただいま。　10. おかえり（なさい）。　11. はじめまして。よろしくおねがいします。　12. さようなら。　13. おやすみ（なさい）。
14. こんにちは。

すうじ　p. 15

(a) 5　(b) 0　(c) 9　(d) 3　(e) 7　(f) 2　(g) 6　(h) 1　(i) 8　(j) 4　(k) 16　(l) 40　(m) 21　(n) 164　(o) 92　(p) 35　(q) 76　(r) 18　(s) 157　(t) 101

第1課　1　p. 16
（だい　か）

I. にじゅうにさいです／にほんじんです／よねんせいです

II. 1. おがわさん・にほんじん　2. たけださんはせんせいです。　3. わたしは りゅうがくせいです。　4. はるなさんは いちねんせいです。　5. やまもとさんは にじゅうごさいです。

第1課　2　p. 17
（だい　か）

I. 1. いちねんせいですか。　2. なんさいですか。
3. にほんじんですか。／はい、にほんじんです。
4. なんねんせいですか。／よねんせいです。

II. 1. なんねんせいですか。　2. なんさいですか。

第1課　3　p. 18
（だい　か）

I. 1. たけしさんの でんわばんごう　2. わたしのともだち　3. にほんごの せんせい　4. ゆいさんの せんこう　5. こうこうの せんせい

II. 1. わたしの せんこうは にほんごです。　2. わたしは にほんだいがくの がくせいです。　3. やましたせんせいは にほんごの せんせいです。　4. たけしさんは さくらだいがくの がくせいですか。はい、そうです。

第1課　4　p. 19
（だい　か）

I. 1. ごご ごじです。　2. ごぜん くじです。　3. ごご じゅうにじはんです。　4. ごぜん よじはんです。

II. 〔解答例〕ぜろさんぜろ（の）　さんごろくよん（の）　いちななはちに（030-3564-1782）／によんよん（の）　いちぜろきゅうご（244-1095）／さんろくはち（の）　なないちにぜろ（368-7120）
（かいとうれい）

第1課　5　p. 20
（だい　か）

〔解答例〕1. メアリー・ハートです。　2. がくせいです。　3. にねんせいです。　4. じゅうきゅうさいです。　5. （せんこうは）にほんごです。　6. （でんわばんごうは）ぜろにぜろ（の）ろくきゅうにいちの　よんにさんろくです。
（かいとうれい）（めありい）（あと）

第1課　6　p. 21
（だい　か）

A. 1. (h)　2. (k)　3. (g)　4. (a)　5. (e)　6. (j)　7. (f)　8. (c)　9. (b)　10. (i)　11. (d)

B. 1. 4:00 A.M.　2. 9:00 P.M.　3. 1:00 P.M.　4. 7:30 A.M.　5. 11:00 A.M.　6. 3:30 P.M.

C. 1. 905-0877　2. 5934-1026　3. 49-1509　4. 6782-3333

D. 1. ○　2. ×　3. ×　4. ×　5. ○

第2課　1　p. 25
（だい　か）

I. (a) 470　(b) 853　(c) 1,300　(d) 17,000　(e) 3,612　(f) 5,198　(g) 46,900　(h) 90,210

II. 1. ごひゃくよんじゅういち　2. にせんななひゃくさんじゅうろく　3. はっせんきゅうひゃく　4. いちまんにせんさんびゃくよんじゅうご

Ⅲ．1. じてんしゃは いくらですか。 2. さんぜん ろっぴゃくえんです。 3. ひゃくろくじゅうえん です。

第2課 2 p. 26

Ⅰ．1. これは わたしの ペンです。 2. それは けん さんの ほんです。 3. あれは なんですか。 4. こ れは にくですか。

Ⅱ．1. これ　2. それ　3. これ　4. あれ　5. あれ

第2課 3 p. 27

1. このとけいは いくらですか　2. そのとけいは いくらですか　3. （このとけいは／これは）にせ んはっぴゃくえんです　4. あのとけいは いくら ですか　5. （あのとけいは／あれは）せんごひゃ くえんです　6. じゃあ、あのとけいを ください

第2課 4 p. 28

Ⅰ．1. （たけしさんは）あそこです。 2. （ソラさ んは）そこです。 3. （ロバートさんは）ここです。 4. （トイレは）あそこです。

Ⅱ．1. これは だれの ぼうしですか。 2. これは だれの さいふですか。 3. あれは だれの かさで すか。

第2課 5 p. 29

Ⅰ．1. たなかさんは にほんじんです。よしださん も にほんじんです。 2. たなかさんは はたちで す。よしださんも はたちです。 3. このかさは に せんえんです。その／あのかさも にせんえんで す。 4. これは わたしの じてんしゃです。それ／ あれも わたしの じてんしゃです。 5. たけしさん の せんこうは れきしです。わたしの せんこうも れきしです。

Ⅱ．1. いいえ、（たけしさんは）かいしゃいんじ ゃないです。 2. いいえ、（たけしさんは）アメリ カじんじゃないです。 3. いいえ、（たけしさんの せんこうは）けいざいじゃないです。 4. いいえ、 たけしさんの かさじゃないです。 5. いいえ、た

けしさんの ほんじゃないです。

第2課 6 p. 30

〔解答例〕1. いいえ、にほんじんじゃないです。 ちゅうごくじんです。 2. はい、にねんせいです。 3. いいえ、じゅうきゅうさいじゃないです。はた ちです。 4. いいえ、（せんこうは）けいざいじゃ ないです。れきしです。 5. いいえ、（おかあさん は）にほんじんじゃないです。アメリカじんです。 6. （にほんごの ほんは）さんぜんえんです。

第2課 7 p. 31

A．1. 150　2. 1,000　3. ?　4. 120　5. 100

B．1. いいえ、（クリスティさんは）アメリカじ んじゃないです。フランスじんです。 2. （クリス ティさんの せんこうは）えいごです。 3. はい、 （クリスティさんの おとうさんは）にほんじんで す。 4. いいえ、（クリスティさんの おかあさん は）にほんじんじゃないです。フランスじんです。

C．1. a. ¥3,000　b. ¥600　c. ¥1,200　2. a. ×　b. ○　c. ○

第3課 1 p. 32

1. おきる・おきます・おきません　2. みる・み ます・みません　3. たべる・たべます・たべませ ん　4. ねる・ねます・ねません　5. はなす・は なします・はなしません　6. きく・ききます・き きません　7. いく・いきます・いきません　8. よむ・よみます・よみません　9. のむ・のみます・ のみません　10. かえる・かえります・かえりま せん　11. くる・きます・きません　12. する・ します・しません　13. べんきょうする・べんき ょうします・べんきょうしません

第3課 2 p. 33

〔解答例〕1. わたしは コーヒーを のみます。／わ たしは おちゃを のみません。 2. わたしは にほ んの えいがを みます。／わたしは インドの えい がを みません。 3. わたしは サッカーを します。

／わたしは バスケットボールを しません。 4. わたしは スポーツの ざっしを よみます。／わたしは ほんを よみません。 5. わたしは ロックを ききます。／わたしは にほんの おんがくを ききません。

第3課 3 p. 34

I. 〔解答例〕 1. がっこうで 2. いえで 3. カフェで 4. がっこうに 5. いえに

II. 1. たなかさんは としょかんに いきます。 2. わたしの ともだちは にほんに きます。 3. すずきさんは うち／いえで おんがくを ききます。 4. わたしは うち／いえで にほんごを はなします。 5. わたしは がっこうで ひるごはんを たべません。

第3課 4 p. 35

I. Used with に：7, 9

II. 〔解答例〕 1. ろく・おき 2. わたしは まいにち はちじはんに だいがくに いきます。 3. わたしは まいにち じゅうにじに がっこうで ひるごはんを たべます。 4. わたしは たいてい ろくじごろ うち／いえに かえります。 5. わたしは たいてい じゅういちじごろ ねます。

III. 1. わたしは まいにち にほんごを はなします。 2. わたしは こんばん テレビを みません。 3. たけしさんは どようびに がっこうに きません。

第3課 5 p. 36

I. 1. こんばん えいがを みませんか。 2. こんばんは ちょっと……。 3. あしたは どうですか。 4. いいですね。

II. 〔解答例〕 1. アブドゥルさん、こんばん ばんごはんを たべませんか。 2. いいですね。 3. じゃあ、マクドナルドに いきませんか。 4. マクドナルドは ちょっと……。

第3課 6 p. 37

1. よく・に・いきます 2. ゆみさんは よく わたしの うち／いえに きます。 3. わたしは たいてい ろくじに おきます。 4. やましたせんせいは たいてい じゅういちじに ねます。 5. わたしは ときどき にほんの しんぶんを よみます。 6. たけしさんは ときどき あのカフェで コーヒーを のみます。 7. ゆいさんは あまり たべません。

第3課 7 p. 38

〔解答例〕 1. いいえ、あまり スポーツを しません。 2. はい、よく えいがを みます。 3. よく みずを のみます。 4. よく ロックを ききます。 5. としょかんで べんきょうします。 6. よく ともだちの うちに いきます。 7. よく ともだちの うちで ばんごはんを たべます。 8. しちじごろ おきます。 9. じゅうにじごろ ねます。

第3課 8 p. 39

A.

	Saturday		Sunday	
	Where	What	Where	What
Mary	f	j	b	i
Sora	c	g	d	k

B. 1. c 2. a 3. g 4. e 5. h 6. f 7. b 8. i 9. d

C. 1. A 2. B 3. B 4. D 5. C 6. C

D. 1. a 2. a 3. a, c 4. b, c

第4課 1 p. 41

I. 1. あそこに バス停が あります。 2. 木曜日に クラスが ありません。 3.（私は）自転車が ありません。 4. あそこに 山下先生が います。 5.（私は）子供が います。

II. 〔解答例〕 1. いいえ、（あした、アルバイトが）ありません。 2. 月曜日と 水曜日と 金曜日に（日本語のクラスが）あります。 3. はい、（日本に 友だちが）たくさん います。 4. はい、お姉さんと 弟 が います。

第4課　2　p. 42

I.

II. 1.（雑誌は）新聞の下です。　2.（メアリーさんの傘は）つくえの上です。　3.（日本語の本は）かばんの中です。　4.（図書館は）郵便局の後ろです。　5.（銀行は）郵便局の左／となりです。

第4課　3　p. 43

I.〔解答例〕1. はい、（きのうは）月曜日でした。
2. いいえ、（きのうは）十五日じゃなかったです。二十二日でした。　3. いいえ、（今日の朝ご飯は）ハンバーガーじゃなかったです。パンでした。
4. いいえ、（子供の時、）あまりいい子供じゃなかったです。

II. 1. 私の自転車は三万円でした。　2. きのうは日曜日でした。　3. 先生の専攻は英語じゃなかったです。　4. 山下先生は日本大学の学生じゃなかったです。

第4課　4　p. 44

1. のむ・のみました・のみませんでした　2. はなす・はなしました・はなしませんでした　3. きく・ききました・ききませんでした　4. かう・かいました・かいませんでした　5. とる・とりました・とりませんでした　6. かく・かきました・かきませんでした　7. まつ・まちました・まちませんでした　8. ある・ありました・ありませんでした　9. たべる・たべました・たべませんでした　10. おきる・おきました・おきませんでした　11. する・しました・しませんでした　12. くる・きました・きませんでした

第4課　5　p. 45

I. 1. いいえ、（たけしさんは金曜日に音楽を）聞きませんでした。　2.（たけしさんは土曜日に）スーパーでアルバイトをしました。　3.（たけしさんは）金曜日にレポートを書きました。　4. 町・メアリーさん・映画・見ました　5.〔解答例〕私は土曜日に横浜で友だちに会いました。日曜日にスーパーで買い物をしました。

II. 1. ゆみさんはぜんぜん写真を撮りませんでした。　2. 私は子供の時、よくハンバーガーを食べました。　3. たけしさんは高校の時、あまり勉強しませんでした。

第4課　6　p. 46

1. メアリーさんは公園に行きました。たけしさんも公園に行きました。　2. あそこに本屋があります。レストランもあります。　3. 私はお茶を飲みます。私はコーヒーも飲みます。　4. けんさんは韓国に行きます。けんさんは中国にも行きます。
5. ゆいさんは金曜日にアイスクリームを食べました。ゆいさんは土曜日にもアイスクリームを食べました。　6. ゆみさんはきのう図書館で勉強しました。ゆみさんは家でも勉強しました。　7. 私はきのう学校で写真を撮りました。私は家でも写真を撮りました。

第4課　7　p. 47

I. 1.(1) きのう　(2) 二時間　(3) テレビを見ました　2.(1) コンビニの前で　(2) 一時間　(3) メアリーさんを待ちました　3.(1) 毎日　(2) 一時間ぐらい　(3) 図書館で　(4) 日本語を勉強します。

II. 1. に　2. を　3. を　4. を　5. が　6. に・が

第4課　8　p. 48

〔解答例〕1.（私の家は）大阪です。　2. いいえ、（私の町に本屋が）ありません。　3. はい、犬がいます。名前はポチです。　4.（今日は）木曜日です。
5. 友だちと晩ご飯を食べました。　6. 二時間ぐら

い勉強しました。　7.月曜日と水曜日と金曜日に日本語のクラスがあります。　8.友だちとレストランに行きました。

第4課　9　p. 49

A. 1. a　2. d　3. e　4. b　5. f　6. c

B. 1.（お父さんは）うちで一人でテレビを見ました。　2.（お母さんは）友だちと買い物に行きました。　3.（メアリーさんとお父さんはあした）テニスをします。

C. 1. c　2. b

3.

	studied	took photos	went to Tokyo	read a book	went to karaoke	did shopping
Sora	○				○	
Mary	○			○		
Robert		○	○			○

第5課　1　p. 50

1. おおきい・おおきいです・おおきくないです　2.たかい・たかいです・たかくないです　3.こわい・こわいです・こわくないです　4.おもしろい・おもしろいです・おもしろくないです　5.ふるい・ふるいです・ふるくないです　6.いい・いいです・よくないです　7.しずか（な）・しずかです・しずかじゃないです　8.きれい（な）・きれいです・きれいじゃないです　9.げんき（な）・げんきです・げんきじゃないです　10.すき（な）・すきです・すきじゃないです　11.きらい（な）・きらいです・きらいじゃないです　12.にぎやか（な）・にぎやかです・にぎやかじゃないです

第5課　2　p. 51

I.〔解答例〕1.いいえ、（日本語の宿題は）やさしくないです。　2.はい、（今日は）忙しいです。　3.いいえ、（私の部屋は）きれいじゃないです。　4.はい、（日本語のクラスは）おもしろいです。　5.いいえ、（私の町は）あまり静かじゃないです。

II.　1.この時計は高いです。　2.このコーヒーはおいしくないです。　3.山下先生は元気です。　4.天気はよくないです。　5.（私は）あしたひまじゃないです。

第5課　3　p. 52

1. あたらしいです・あたらしくないです・あたらしかったです・あたらしくなかったです　2.いそがしいです・いそがしくないです・いそがしかったです・いそがしくなかったです　3.さむいです・さむくないです・さむかったです・さむくなかったです　4.むずかしいです・むずかしくないです・むずかしかったです・むずかしくなかったです　5.ちいさいです・ちいさくないです・ちいさかったです・ちいさくなかったです　6.いいです・よくないです・よかったです・よくなかったです　7.ひまです・ひまじゃないです・ひまでした・ひまじゃなかったです　8.にぎやかです・にぎやかじゃないです・にぎやかでした・にぎやかじゃなかったです　9.すきです・すきじゃないです・すきでした・すきじゃなかったです　10.きれいです・きれいじゃないです・きれいでした・きれいじゃなかったです

第5課　4　p. 53

I.〔解答例〕1.いいえ、（先週は）ひまじゃなかったです。忙しかったです。　2.いいえ、（テストは）難しくなかったです。やさしかったです。　3.はい、（きのうは）とても／すごく暑かったです。　4.はい、（週末は）楽しかったです。　5.いいえ、（きのうの晩ご飯は）あまりおいしくなかったです。

II.　1.（私は）きのう忙しかったです。　2.宿題は難しかったです。　3.たけしさんの部屋はきれいじゃなかったです。　4.天気はよかったです。　5.旅行は楽しくなかったです。　6.ホテルは高くなかったです。

第5課 5 p. 54

I． 1．古い自転車です。 2．静かな町です。 3．こわい人です。 4．きれいな家です。

II． 1．（私は）やさしい人に会いました。 2．（私は）おいしい果物を買いました。 3．（私は）先週おもしろい本を読みました。

第5課 6 p. 55

〔解答例〕1．私は日本語のクラスが大好きです。 2．私はこの町があまり好きじゃないです。 3．私は月曜日が大きらいです。 4．私は海が好きです。 5．私は猫が大好きです。 6．私は寒い朝がきらいです。 7．私は魚がきらいです。 8．私はこわい映画が好きでもきらいでもないです。 9．私は『げんき』が大好きです。

第5課 7 p. 56

I．〔解答例〕1．浅草に行きましょう。 2．お寺を見ましょう。 3．おみやげを買いましょう。 4．十時に会いましょう。

II． 1．バスを待ちましょう。 2．一緒に出かけましょう。 3．ここで写真を撮りましょう。 4．今晩この映画を見ましょうか。 5．この宿題は難しいです。先生に聞きましょうか。

第5課 8 p. 57

I．〔解答例〕1．京都に行きました。 2．友だちと行きました。 3．（天気は）よかったです。 4．（食べ物は）とても／すごく おいしかったです。 5．お寺に行きました。それから、買い物をしました。 6．はい、（おみやげを）買いました。

II．〔解答例〕1．アイスクリームが好きです。 2．コーヒーが好きです。 3．日本の音楽が好きです。

第5課 9 p. 58

A． 1．b 2．a 3．a 4．b 5．a 6．b

B.

1.

	Favorite type	What he does on holidays
吉田 よしだ	やさしい人 ひと	テニスをします。
川口 かわぐち	おもしろい人 ひと	友だちと一緒に ご飯を食べます。
中山 なかやま	静かな人 しず ひと	家でテレビを見ます。

2. a.（吉田）

C.

	J-pop	Rock	Classical music	Animation	Horror movies
Mary	A	B	C	A	/
Takeshi	B	A	A	A	A

第6課 1 p. 59

1．あける・あけて・あけます 2．しめる・しめて・しめます 3．おしえる・おしえて・おしえます 4．わすれる・わすれて・わすれます 5．おりる・おりて・おります 6．かりる・かりて・かります 7．シャワーをあびる・シャワーをあびて・シャワーをあびます 8．つける・つけて・つけます 9．たばこをすう・たばこをすって・たばこをすいます 10．つかう・つかって・つかいます 11．てつだう・てつだって・てつだいます 12．いそぐ・いそいで・いそぎます 13．かえす・かえして・かえします 14．けす・けして・けします 15．たつ・たって・たちます 16．もつ・もって・もちます 17．しぬ・しんで・しにます 18．あそぶ・あそんで・あそびます 19．やすむ・やすんで・やすみます 20．すわる・すわって・すわります 21．はいる・はいって・はいります 22．つれてくる・つれてきて・つれてきます 23．もってくる・もってきて・もってきます 24．でんわする・でんわして・でんわします

第6課 2 p. 61

1．おきて 2．たべて 3．ねて 4．みて 5．いて 6．でかけて 7．あって 8．かって 9．きいて

10. かいて　11. いって　12. およいで　13. はな
して　14. まって　15. のんで　16. よんで　17.
かえって　18. あって　19. とって　20. わかって
21. のって　22. やって　23. きて　24. して　25.
べんきょうして

第6課　3　p. 62

I.　1. 写真を撮ってください。　2. この漢字を教
えてください。　3. このかばんを持ってくださ
い。　4. このタオルを使ってください。　5. 座っ
てください。　6. 本を持ってきてください。
II.〔解答例〕（友だち）宿題を手伝ってください。
／（友だち）本を返してください。／（先生）漢字
を教えてください。

第6課　4　p. 63

I.　1. （たけしさんは）朝起きて、朝ご飯を食べま
した。　2. （たけしさんは）窓を閉めて、出かけま
した。　3. （たけしさんは）図書館に行って、本を
返しました。　4. （たけしさんは）電気を消して、
寝ました。
II.　1. うちに帰って、休みます。　2. メアリーさ
んとたけしさんは会って、一時間ぐらい話しまし
た。　3. 海に行って、泳ぎましょう。

第6課　5　p. 64

1. 部屋に入ってもいいですか。　2. 写真を見ても
いいですか。　3. テレビをつけてもいいですか。
4.〔解答例〕窓を開けてもいいですか。　5. トイ
レに行ってもいいですか。　6. 英語を話してもい
いですか。　7. 教科書を借りてもいいですか。
8.〔解答例〕あしたクラスを休んでもいいですか。

第6課　6　p. 65

I.　1. たばこを吸ってはいけません。　2. 入って
はいけません。　3. 写真を撮ってはいけません。
4. 食べ物を食べてはいけません。
II.〔解答例〕部屋でたばこを吸ってはいけません。
／図書館で友だちと話してはいけません。／クラ

スで電話してはいけません。

第6課　7　p. 66

I.　1. 今日はひまじゃないです。あしたテストが
ありますから。　2. テストは難しくなかったで
す。たくさん勉強しましたから。　3. 今晩出かけ
ましょう。あしたは休みですから。　4. お母さん
を手伝いました。お母さんは忙しかったですか
ら。　5. コーヒーを飲みません。朝コーヒーを飲
みましたから。
II.　1. 荷物を持ちましょうか。　2. 写真を撮りま
しょうか。　3. テレビを消しましょうか。

第6課　8　p. 67

〔解答例〕1. （朝起きて）水を飲みます。　2. （家に
帰って）メールを書きました。　3. いいえ、（教科
書を）見てはいけません。　4. （電車の中で）たば
こを吸ってはいけません。　5. いいえ、あまり勉
強しませんでした。　6. はい、よくゲームをしま
した。　7. よくスポーツをしました。

第6課　9　p. 68

A.　1. ×　2. ○　3. ○　4. ×

B.　3, 4, 6

C.

1.

	a. Inconven-ient day	b. Reasons
ゆい	土曜日	アルバイトがあります。
ソラ	土曜日	友だちが来ます。
ロバート	日曜日	うちで勉強します。（月曜日にテストがありますから。）

2. 来週行きます。

第7課　1　p. 69

1. u・わかります・わかって　2. u・やります・
やって　3. u・けします・けして　4. u・たちます・
たって　5. ru・おきます・おきて　6. u・かえり

ます・かえって　7. irregular・きます・きて　8.
irregular・します・して　9. *u*・あそびます・あ
そんで　10. *ru*・きます・きて　11. *u*・かぶります・
かぶって　12. *ru*・わすれます・わすれて　13. *u*・
はきます・はいて　14. *u*・うたいます・うたっ
て　15. *u*・すみます・すんで　16. irregular・け
っこんします・けっこんして

第7課 2 p.70

I.　1.歌を歌っています。　2.コーヒーを飲んで
います。　3.ご飯を食べています。　4.写真を撮
っています。　5.友だちと話しています。
II.〔解答例〕1. 今、日本語を勉強しています。
2.テレビを見ていました。
III.　1.メアリーさんはバス停でバスを待っていま
す。　2.きのう二時にたけしさんは友だちとテニ
スをしていました。　3.家に電話しました。姉は
寝ていました。

第7課 3 p.71

I.　1.(お父さんは)銀行で働いています。　2.(お
母さんは)病院で働いています。　3.いいえ、(お
姉さんは)働いていません。　4.はい、(お姉さん
は)結婚しています。　5.いいえ、(お姉さんは)東
京に住んでいます。　6.(弟さんは)長野に住ん
でいます。　7.(お父さんは)五十一歳です。
II.〔解答例〕父はソニーで働いています。五十
三歳です。母は先生です。四十八歳です。父と
母は沖縄に住んでいます。兄は東京に住んでい
ます。結婚しています。

第7課 4 p.72

I.　1.やすおさんは背が高くないです。　2.やす
おさんはとても／すごく頭がいいです。3.のりお
さんは今日新しい Tシャツを着ています。　4.
のりおさんはやせていますが、やすおさんは太っ
ています。
II.　1.帽子をかぶっています。　2.髪が長いです。
3.めがねをかけています。　4.目が大きいです。

5. Tシャツを着ています。　6.ジーンズをはいて
います。

第7課 5 p.73

I.　1.安くておいしいです　2.静かでつまらない
です　3.とても／すごく小さくてかわいいです
4.とても／すごくきれいで新しいです　5.古く
ておもしろいです　6.髪が長くて目が大きいで
す
II.〔解答例〕1.おもしろくて楽しいです　2.髪が
短くて背が高いです　3.小さくてきれいです
4.親切で頭がいいです

第7課 6 p.74

I.　1.大阪に友だちに会いに行きます。　2.家に
晩ご飯を食べに帰ります。　3.きのう、町に雑誌
を買いに行きました。　4.私は週末、京都に写
真を撮りに行きました。　5.ロバートさんはよく
私のアパートにパソコンを使いに来ます。
II.〔解答例〕日本に日本語を勉強しに来ました。
／ときどき海に泳ぎに行きます。／図書館に本を
返しに行きます。／食堂に昼ご飯を食べに行きま
す。

第7課 7 p.75

I.〔解答例〕1.はい、(兄弟が)います。二人いま
す。　2.はい、(ルームメイトが)います。一人い
ます。　3.(日本語のクラスに学生が)六人いま
す。　4.(私の町に人が)八千人ぐらい住んでいま
す。　5.(日本人の友だちが)二人います。
II.　1.Q：あなたの学校に学生が何人いますか。
A：私の学校に学生が一万人ぐらいいます。　2.
姉は子供が二人います。

第7課 8 p.76

〔解答例〕(friend) 1.もりした まいさんです。　2.
二十二歳です。　3.名古屋に住んでいます。　4.
大学生です。大学で経済を勉強しています。　5.
いいえ、結婚していません。　6.いいえ、あまり

背が高くないです。　7. はい、髪が長いです。　8.
頭がよくておもしろい人です。

第7課　9　p.77

A.　1. 部屋で宿題をしていました。　2. たけしさんの部屋で音楽を聞いていました。　3. シャワーを浴びていました。

B.　1. a, h　2. d, f　3. c, e　4. b, g

C.　1. c　2. b　3. b

第8課　1　p.78

1. あける・あけない・あけます・あけて　2. かう・かわない・かいます・かって　3. すわる・すわらない・すわります・すわって　4. くる・こない・きます・きて　5. しぬ・しなない・しにます・しんで　6. けす・けさない・けします・けして　7. べんきょうする・べんきょうしない・べんきょうします・べんきょうして　8. かく・かかない・かきます・かいて　9. ある・ない・あります・あって　10. のむ・のまない・のみます・のんで　11. わかる・わからない・わかります・わかって　12. まつ・またない・まちます・まって　13. あそぶ・あそばない・あそびます・あそんで　14. いそぐ・いそがない・いそぎます・いそいで

第8課　2　p.79

I.　1. Q：よくバスに乗る？　A：(ううん、)乗らない。　2. Q：毎日日本語を話す？　A：(ううん、)話さない。　3. Q：今日宿題がある？　A：(ううん、)ない。　4. Q：今週の週末、出かける？　A：(ううん、)出かけない。　5. Q：あしたひま？　A：(ううん、)ひまじゃない。　6. Q：日本人？　A：(ううん、)日本人じゃない。　7. Q：暑い？　A：(ううん、)暑くない。

II.　〔解答例〕1. (今日は)火曜日。　2. 魚がきらい。　3. (今週の週末、)買い物をする。

第8課　3　p.80

I.　1. 山下先生はかっこいいと思います。　2. こ
の女の人はメアリーさんの日本語の先生だと思います。　3. 山下先生はたくさん本を読むと思います。　4. この町はおもしろくないと思います。　5. まいさんはまゆみさんが好きじゃないと思います。　6. あしたは雪が降らないと思います。

II.　〔解答例〕1. (あしたは)雨が降ると思います。　2. (来週は)忙しくないと思います。　3. はい、(日本語の先生は料理が)上手だと思います。　4. (日本語の先生は、今週の週末、)掃除すると思います。

第8課　4　p.81

〔解答例〕1. 田中さんは毎日楽しいと言っていました。　2. 田中さんはみかんが好きだと言っていました。　3. 田中さんはあまりお酒を飲まないと言っていました。　4. 田中さんはよくテニスをすると言っていました。　5. 田中さんはお兄さんが一人いると言っていました。　6. 田中さんは西町に住んでいると言っていました。　7. 田中さんは結婚していないと言っていました。　8. 田中さんは車を持っていないと言っていました。　9. 田中さんは週末たいてい友だちに会うと言っていました。　10. 今日、何をしますか。→田中さんは今日アルバイトをすると言っていました。

第8課　5　p.82

I.　1. 傘を忘れないでください。今日の午後、雨が降りますから。　2. 窓を開けないでください。寒いですから。　3. テレビを消さないでください。ニュースを見ていますから。　4. 雑誌を捨てないでください。私の雑誌じゃないですから。

II.　1. きる　2. きる　3. くる　4. かく　5. する　6. しぬ　7. かえる　8. かう

第8課　6　p.83

I.　〔解答例〕1. 歌うのが　2. 写真を撮るのが　3. 日本語を話すのが　4. 洗濯するのが　5. 車を洗うのが

II.　1. えりかさんは友だちを作るのが とても／

すごく 上手です。　2. けんたさんは本を読むのが大好きです。　3. はるとさんは部屋を掃除するのが大きらいです。　4. ゆいさんは車を運転するのが上手じゃないです。　5. ゆきさんは洗濯するのがあまり好きじゃないです。

第8課　7　p. 84

I.　1. 佐藤さんが新聞を読んでいます　2. だれが写真を撮っていますか　3. 山田さんがめがねをかけています　4. だれが帽子をかぶっていますか

II.　1. Q：今朝、何か食べましたか。A：いいえ、今朝何も食べませんでした。　2. Q：週末、何をしますか。A：何もしません。　3. 何か飲みませんか。　4. けんとさんは何か聞きましたが、（私は）わかりませんでした。

第8課　8　p. 85

I.〔解答例〕1.（日本語のクラスは）難しいと思います。　2.（日本語の先生は）車を運転するのが好きだと思います。　3. いいえ、（あした雨が）降らないと思います。　4. はい、（友だちは料理が）上手だと思います。

II.〔解答例〕1. お風呂に入るのが好きです。　2. 教えるのが下手です。　3. 料理をするのがきらいです。　4. いいえ、（掃除するのが）あまり好きじゃないです。

第8課　9　p. 86

A.　1. (f)　2. (c)　3. (b)　4. (e)　5. (a)　6. (d)　7. (g)

B.　1.（ロバートさんとけんさんは）日曜日の四時半に（ゲームを）します。　2. いいえ、（たけしさんはゲームをしに）来ません。（たけしさんは）アルバイトがありますから。　3. はい、（トムさんはゲームをしに）来ると思います。（トムさんは日曜日は）忙しくないですから。

C.　1. b, c　2. b, d　3. a, e

第9課　1　p. 87

1. よんだ・よまなかった・よみます　2. あそんだ・あそばなかった・あそびます　3. おぼえた・おぼえなかった・おぼえます　4. いった・いかなかった・いきます　5. もらった・もらわなかった・もらいます　6. おどった・おどらなかった・おどります　7. およいだ・およがなかった・およぎます　8. ひいた・ひかなかった・ひきます　9. やすんだ・やすまなかった・やすみます　10. した・しなかった・します　11. きた・こなかった・きます　12. わかかった・わかくなかった　13. かっこよかった・かっこよくなかった　14. きれいだった・きれいじゃなかった　15. にちようびだった・にちようびじゃなかった

第9課　2　p. 88

I.　1. Q：きのう、友だちに会った？A：（ううん、）会わなかった。　2. Q：きのう、運動した？A：（ううん、）運動しなかった。　3. Q：先週、試験があった？A：（ううん、）なかった。　4. Q：先週の週末、大学に来た？A：（ううん、）来なかった。　5. Q：先週の週末、楽しかった？A：（ううん、）楽しくなかった。　6. Q：子供の時、髪が長かった？A：（ううん、）長くなかった。　7. Q：子供の時、勉強がきらいだった？A：（ううん、）きらいじゃなかった。

II.〔解答例〕子供の時、よく公園に行った？／子供の時、かわいかった？／子供の時、いい子だった？

第9課　3　p. 89

I.　1. コンサートは九時に始まったと思います。　2. けんさんは先週の週末、運動したと思います。　3. ただしさんのお父さんは若い時、かっこよかったと思います。　4. 先週の試験は難しくなかったと思います。　5. みえさんは子供の時、いじわるじゃなかったと思います。　6. まいさんはまりさんから手紙をもらわなかったと思います。

Ⅱ.〔解答例〕先生は子供の時、よく勉強したと思います。／友だちは子供の時、運動が好きだったと思います。／母は子供の時、歌が上手だったと思います。

第9課 4 p. 90

〔解答例〕1. 田中さんは日本の音楽をよく聞くと言っていました。 2. 田中さんは宿題をするのがきらいだと言っていました。 3. 田中さんは(先週の週末、)アルバイトをしたと言っていました。 4. 田中さんは(子供の時、)いい子だったと言っていました。 5. 田中さんは(子供の時、)背が高くなかったと言っていました。 6. 田中さんは(子供の時、)学校が好きだったと言っていました。 7. 田中さんは(子供の時、)京都に住んでいたと言っていました。 8. 田中さんは(子供の時、)よく遊んだと言っていました。 9. 高校の時、勉強しましたか。→田中さんは(高校の時、)あまり勉強しなかったと言っていました。

第9課 5 p. 91

1. (みどりさんは)ハンバーガーを食べている人です。 2. (ともやさんは)コーヒーを飲んでいる人です。 3. (はなさんは)ピザを切っている人です。 4. (しんじさんは)歌を歌っている人です。 5. (えりかさんは)ともやさんと話している人です。

第9課 6 p. 92

1. Q：もう新しい漢字を覚えましたか。A：(はい、)もう覚えました。 2. Q：もう部屋を掃除しましたか。A：(いいえ、)まだ掃除していません。 3. Q：もう新しい先生と話しましたか。A：(いいえ、)まだ話していません。 4. Q：もうレポートを書きましたか。A：(はい、)もう書きました。

第9課 7 p. 93

Ⅰ. 1. 今日は病気だから、運動しません。 2. 雨が降っているから、今日は散歩しません。 3. み

なみさんは踊るのが上手だから、とても／すごく人気があります。 4. 友だちがいなかったから、とても／すごく さびしかったです。

Ⅱ.〔解答例〕1. はい、テストがあったから、(先週は)忙しかったです 2. いいえ、クラスがなかったから、(きのう)学校に来ませんでした 3. いいえ、友だちと家でゲームをするから、(今週の週末)出かけません 4. はい、日本語はおもしろいから、(来年も)日本語を勉強します

第9課 8 p. 94

〔解答例〕1. (きのうの晩ご飯は)カレーを食べた。／うん、おいしかった。 2. 十一時半ごろ寝た。 3. ううん、洗濯しなかった。 4. ううん、まだ(十課の単語を)覚えていない。 5. うん、(映画を)見た。／おもしろくなかった。 6. (子供の時、)サッカーをするのが好きだった。 7. 何もしなかった。

第9課 9 p. 95

A. 1. けんさんが遅くなりました。 2. (ゆいさんは)十分ぐらい待ちました。 3. (けんさんとゆいさんは)晩ご飯を食べます。 4. (レストランは)ホテルの中にあります。

B. 1. f 2. e 3. h 4. c 5. g 6. a 7. b

C. 1. (5) ¥600 2. (3) ¥180 3. (9) ¥1,080 4. (8) ¥960 5. (7) ¥8,400

第10課 1 p. 96

Ⅰ. 1. ロシアのほうがカナダより大きいです。 2. 日曜日のほうが月曜日より楽しいです。 3. たけしさんのほうがメアリーさんより年上です。 4. Q：サッカーと野球と どっち／どちら のほうが好きですか。A：野球のほうが好きです。

Ⅱ.〔解答例〕Q：夏と冬と どっち／どちら のほうが好きですか。A：夏のほうが(冬より)好きです。／Q：日本語と中国語と どっち／どちら のほうが難しいと思いますか。A：日本語のほうが(中国語より)難しいと思います。

第10課 2 p. 97

Ⅰ.〔解答例〕Q：世界の町の中で、どこがいちばん好きですか。A：京都がいちばん好きです。／Q：野菜の中で、何がいちばんおいしいですか。A：トマトがいちばんおいしいと思います。／Q：外国語の中で、何がいちばん簡単だと思いますか。A：スペイン語がいちばん簡単だと思います。

Ⅱ.〔解答例〕1. たけしさんとロバートさんと山下先生の中で、山下先生がいちばんおもしろいです。
2. 肉と魚と野菜の中で、野菜がいちばん安いです。

第10課 3 p. 98

Ⅰ 1. 熱いの／冷たいの を飲みます。 2. きれいなの／安いの がいいです。 3. 英語の／日本語の を買います。

Ⅱ. 1. この時計は高いです。安いのをください。
2. 私のパソコンのほうがあなたのより遅いです。
3. どんな映画が好きですか。―こわいのが好きです。 4. この車は古いです。新しいのを買います。
5. この赤いTシャツのほうがあの／その白いのより高いです。

第10課 4 p. 99

Ⅰ. 1. 日曜日に出かけないつもりです。 2. 日本の会社で働くつもりです。 3. 結婚しないつもりです。 4. ホテルは高いから、友だちのうちに泊まるつもりです。

Ⅱ.〔解答例〕1. (今晩)友だちと晩ご飯を食べるつもりです。 2. (この週末)買い物をするつもりです。 3. はい、(来年日本語を)勉強するつもりです。 4. (夏休みに)アルバイトをするつもりです。

第10課 5 p. 100

Ⅰ. 1. 背が高くなりました。 2. 髪が短くなりました。 3. ひまになりました。

Ⅱ. 1. 今朝掃除したから、私の部屋がきれいになりました。 2. きのうの夜あまり寝なかったから、眠くなりました。 3. たくさん練習したから、日本語を話すのが とても／すごく 上手になりました。 4. 子供が好きだから、先生になります。

第10課 6 p. 101

Ⅰ. 1. Q：次の休みにどこかに行きますか。A：いいえ、どこにも行きません。 2. Q：先週の週末、何かしましたか。A：いいえ、何もしませんでした。 3. Q：パーティーでだれかに会いましたか。A：いいえ、だれにも会いませんでした。

Ⅱ. 1. 歩いて行きます 2. どのぐらいかかります
3. どうやって行きます 4. 十五分かかります

第10課 7 p. 102

〔解答例〕1. (食べ物の中で)すしがいちばん好きです。 2. (季節の中で)夏がいちばん好きです。海で泳ぐのが好きですから。 3. (有名人の中で)○○がいちばん好きです。歌が上手ですから。
4. 私のほうが(日本語の先生より)背が高いです。
5. (家から学校まで)自転車で行きます。二十分ぐらいかかります。 6. はい、(今度の休みに)キャンプに行きます。 7. はい、(先週の週末、)運動しました。 8. はい、(先週の週末、)友だちに会いました。

第10課 8 p. 103

A.

	どこに行きますか	何をしますか	どのぐらい行きますか
メアリー	北海道	動物園に行きます。すしをたくさん食べます。	一週間ぐらい
ロバート	ロンドン	うちに帰ります。友だちに会います。	一か月ぐらい(12月22日から1月23日まで)
たけし	どこにも行きません。		
ソラ	北海道	メアリーさんと旅行します。家族とスキーをします。	二週間ぐらい

B. 1. はなおか大学がいちばん大きいです。　2. 百五十万円ぐらいです。　3. 二時間ぐらいかかります。電車とバスで行きます。　4. つしま大学の日本語のクラスがいちばんいいです。

C. 1. はい、東京へ行きました。　2. いいえ、友だちと行きました。　3. バスで行きました。　4. 12月11日から12月15日まで東京にいました。　5. 買い物をしました。それから東京ディズニーランドに行きました。

第11課 1 p. 105

I. 〔解答例〕1. (a) ピアノを習いたいです。　(b) 外国に住みたいです。　2. (a) 学校をやめたくないです。　(b) 友だちとけんかしたくないです。

II. 1. 子供の時、犬を飼いたかったです。／子供の時、犬を飼いたくなかったです。　2. 子供の時、お菓子を食べたかったです。／子供の時、お菓子を食べたくなかったです。　3. 子供の時、飛行機に乗りたかったです。／子供の時、飛行機に乗りたくなかったです。　4. 子供の時、歌手になりたかったです。／子供の時、歌手になりたくなかったです。　5. 子供の時、ゲームをしたかったです。／子供の時、ゲームをしたくなかったです。

第11課 2 p. 106

I. 1. 週末、映画を見たり、買い物をしたりしました。　2. あした、洗濯したり、勉強したりします。　3. きのう、友だちに会ったり、本を読んだりしました。　4. うちで日本語を練習したり、日本の映画を見たりします。　5. 今週の週末、山に登ったり、温泉に行ったりしたいです。　6. 寮でたばこを吸ったり、ビールを飲んだりしてはいけません。

II. 〔解答例〕1. (デートの時、)映画を見たり、ご飯を食べたりします。　2. (休みに)旅行したり、アルバイトをしたりしました。　3. (子供の時、)よく公園に行ったり、ゲームをしたりしました。　4. (今度の週末、)テニスをしたり、友だちの家に行ったりしたいです。

第11課 3 p. 107

I. 〔解答例〕1. (a) 日本料理を作ったことがあります。　(b) 猫を飼ったことがあります。(c) ピアノを習ったことがあります。　2. (a) 英語を教えたことがありません。　(b) 山に登ったことがありません。(c) ダイエットをしたことがありません。

II. 1. Q：授業／クラスをサボったことがありますか。A：はい、あります。／いいえ、ありません。　2. Q：富士山に登ったことがありますか。A：はい、あります。／いいえ、ありません。

第11課 4 p. 108

〔解答例〕1. (大学の近くに)郵便局やカフェがあります。　2. 時計やカメラが買いたいです。　3. (誕生日に)ケーキや花をもらいました。　4. (休みの日に)よくデパートや公園に行きます。　5. (有名人の中で)○○や××に会いたいです。　6. すしや天ぷらを食べたことがあります。　7. (カラオケで)「○○」や「××」を歌います。

第11課 5 p. 109

I. 〔解答例〕1. 東京に行きました。　2. 美術館に行ったり、たくさん買い物をしたりしました。3. おいしかったです。すしや天ぷらを食べました。　4. 人がたくさんいて、にぎやかでした。　5. はい、また行きたいです。楽しかったですから。

II. 〔解答例〕1. (子供の時、)歌手になりたかったです。　2. (今は)先生になりたいです。教えるのが好きですから。　3. はい、猫を飼ったことがあります。

第11課 6 p. 110

A. （りょうた）1. a, j　2. i　（かな）1. e, f, g　2. h　（けん）1. d　2. b, c

B. 1. c　2. Today: a, c　Tomorrow: b, d

C. 1. 社長になりたい　2. 歌手になりたかった　3. 先生になりたくなかった／別に何もなりたくなかった

第12課 1 p. 111

Ⅰ. 1. おなかが痛いんです　2. 彼女と別れたんです　3. かぜをひいたんです　4. 二日酔いなんです　5. 電車の切符をなくしたんです　6. 成績が悪かったんです

Ⅱ.〔解答例〕1. お金がないんです　2. 眠かったんです　3. たくさん勉強したんです　4. テストがあるんです

第12課 2 p. 112

Ⅰ. 1. 甘すぎます　2. 難しすぎます　3. 寒すぎる　4. 働きすぎます　5. よくゲームをしすぎます。／よくゲームをやりすぎます。　6. 緊張しすぎた　7. 歌を歌いすぎた　8. 遊びすぎた

Ⅱ.〔解答例〕日本語の宿題は多すぎます。／母は話しすぎます。

第12課 3 p. 113

Ⅰ. 1. 病院に行ったほうがいいです(よ)。　2. 漢字を覚えたほうがいいです(よ)。　3. お母さんにもっと電話したほうがいいです(よ)。　4. 心配しないほうがいいです(よ)。　5. 食べすぎないほうがいいです(よ)。

Ⅱ.〔解答例〕1. 今日、出かけないほうがいいですよ　2. 何か食べたほうがいいですよ　3. 薬を飲んだほうがいいですよ

第12課 4 p. 114

Ⅰ. 1. 勉強しなかったので、悪い成績を取りました。　2. 電気代を払ったので、お金がありません。　3. 日本語を勉強したかったので、日本に来ました。　4. 二日酔いなので、何もしたくないです。　5. 政治に興味があるので、毎日、新聞を読みます。　6. かぜをひいたので、あしたパーティーに行きません。

Ⅱ.〔解答例〕1. かっこいいので、○○が好きです。　2. スキーがしたいので、山に(いちばん)行きたいです。　3. 海が好きなので、海の近くに住みたいです。

第12課 5 p. 115

Ⅰ. 1. 早く起きなければいけません／早く起きなきゃいけません　2. 教科書を買わなければいけません／教科書を買わなきゃいけません　3. 練習しなければいけません／練習しなきゃいけません　4. 洗濯しなければいけません／洗濯しなきゃいけません　5. アルバイトをやめなければいけません／アルバイトをやめなきゃいけません

Ⅱ.〔解答例〕1.(a) 牛乳を買いに行かなければいけません。／牛乳を買いに行かなきゃいけません。(b) 部屋を掃除しなければいけません。／部屋を掃除しなきゃいけません。　2.(a) 日本語の宿題をしなければいけませんでした。／日本語の宿題をしなきゃいけませんでした。(b) アルバイトをしなければいけませんでした。／アルバイトをしなきゃいけませんでした。

第12課 6 p. 116

1. 日本人でしょうか。　2. 専攻は何でしょうか。　3. 静かな人でしょうか。　4. どんな音楽が好きでしょうか。　5. たばこを吸うでしょうか。　6. 友だちがたくさんいるでしょうか。

第12課 7 p. 117

〔解答例〕1. はい、あります。猫のアレルギーです。　2. ゲームをしすぎます。　3.(今、)映画に興味があります。　4. はい、(日本語のクラスは宿題が)多いと思います。　5. はい、(悪い成績を)取ったことがあります。　6.(かぜの時、)運動しないほうがいいです。　7.(今週の週末、)掃除しなければいけません。

第12課 8 p.118

A.

Patient	sore throat	headache	stomachache	cough	fever	doctor's suggestion
1	○			○	○	家でゆっくり休んだほうがいいです
2			○			あまり食べすぎないほうがいいです
3		○	○		○	大きい病院に行ったほうがいいです

B. 1. いいえ、(今晩飲みに)行きません。子供の誕生日なので、早く帰らなければいけません／帰らなきゃいけませんから。 2. いいえ、まだ(プレゼントを)買っていません。

C. 1. ○ 2. × 3. ×

◉読み書き編

第1課 1 p. 121

Ⅱ. 1. e 2. c 3. f 4. b 5. d 6. a
Ⅲ. 1. あう 2. いえ 3. あい 4. かお 5. こえ 6. きく

第1課 2 p. 122

Ⅱ. 1. f 2. d 3. c 4. e 5. a 6. b
Ⅲ. 1. たすけ 2. ちかてつ 3. せかい 4. かさ 5. とし 6. あそこ

第1課 3 p. 123

Ⅱ. 1. d 2. c 3. b 4. a 5. f 6. e
Ⅲ. 1. ふね 2. ほし 3. はな 4. へそ 5. ぬの 6. ひにく

第1課 4 p. 124

Ⅱ. 1. f 2. b 3. a 4. e 5. c 6. d

Ⅲ. 1. もち 2. まつ 3. かみ 4. おゆ 5. むすめ 6. よやく

第1課 5 p. 125

Ⅱ. 1. e 2. a 3. f 4. c 5. d 6. b
Ⅲ. 1. わかる 2. れきし 3. めをさます 4. りろん 5. らいねん 6. はんえい

第1課 6 p. 126

Ⅰ. 1. a 2. a 3. b 4. a
Ⅱ. 1. まど 2. ちず 3. さんぽ 4. もんだい 5. しんぱい 6. がいこくじん
Ⅲ. 1. b 2. a 3. b 4. a
Ⅳ. 1. いしゃ 2. じしょ 3. おちゃ 4. きょねん 5. しゅくだい 6. ひゃくえん

第1課 7 p. 127

Ⅰ. 1. a 2. a 3. b 4. a
Ⅱ. 1. いっしょ 2. きっぷ 3. もっと 4. ざんねん 5. はっさい 6. なんじ
Ⅲ. 1. a 2. b 3. a 4. b
Ⅳ. 1. おとうさん 2. がくせい 3. おばあさん 4. おにいさん 5. とうきょう 6. すうじ

第2課 1 p. 128

Ⅱ. 1. オーケー 2. ケーキ 3. ウエア 4. コーク 5. キウイ 6. ココア

第2課 2 p. 129

Ⅱ. 1. シーザー 2. スーツ 3. セット 4. ソックス 5. タコス 6. チーズ 7. タイ 8. デッキ

第2課 3 p. 130

Ⅱ. 1. ボサノバ 2. カヌー 3. ハーブ 4. ビキニ 5. ナッツ 6. ペット 7. コネ 8. ハッピー 9. ネクタイ 10. ノート

第2課 4 p.131

II. 1. メモ　2. ムード　3. ミニ　4. マヤ　5. ヨット　6. ユーザー　7. キャップ　8. シチュー　9. ショック　10. ハーモニカ

第2課 5 p.132

II. 1. ヨーロッパ　2. ワックス　3. ルーレット　4. アフリカ　5. ラーメン　6. シェークスピア　7. チェックイン　8. ヨーグルト

第3課 2 p.134

I. 1. 四十一　2. 三百　3. 千五百　4. 二千八百九十　5. 一万　6. 六万七千　7. 十二万八千　8. 百万

II. 1. 六百円　2. 時・四時

III. 1. このとけいは四万九千円です。　2. その／あのかばんは五千三百円です。　3. やまなかさんは六時におきます。　4. かわぐちさんは七時にだいがくにいきます。　5. すずきさんはたいてい十二時ごろねます。　6. (わたしは)ときどきカフェでコーヒーをのみます。コーヒーは三百八十円です。

第4課 2 p.136

I. 1. 月曜日(げつようび)　2. 火曜日(かようび)　3. 水曜日(すいようび)　4. 木曜日(もくようび)　5. 金曜日(きんようび)　6. 土曜日(どようび)

II. 1. 日本・本・中　2. 水　3. 六時半　4. 人　5. 上・下　6. 日本人

III. 1. (わたしは)金曜日に日本人のともだちとレストランにいきました。　2. (わたしは)土曜日に十時半ごろおきました。　3. (わたしは)一月に一人でおてらにいきました。

第5課 2 p.138

I. 1. 元気　2. 今日・天気　3. 男・人・山川　4. 女・人・山田　5. 私・川・行きました　6. 食べました・飲みました　7. 見ました

II. 1. (私は)今日本にいます。　2. 田中さんは元気です。山川さんは元気じゃないです。　3. (私は)日本人の男の人と女の人と山に行きました。　4. (私は)火曜日にともだちとコーヒーを飲みました。　5. (私は)水曜日にうちでばんごはんを食べました。それから、テレビを見ました。

第6課 2 p.140

I. 1. 東・西・南・北　2. 出かけました　3. 南口・出て・右・五分　4. 西口・出て・左・十分　5. 大学生・中国　6. 先生・学生・外国

II. 1. 私の大学に外国人の先生がたくさんいます。　2. 大学はぎんこうの左です。　3. 東口を出て、右に行ってください。　4. 出口はどこですか。　5. (私は)北口で二十分まちました。

第7課 2 p.142

I. 1. 東京・京子・お父さん・会いました　2. 父・母・毎日・会社　3. 子ども・学校・帰りました　4. 小さくて・高い　5. 入って　6. 高校・日本語・文学

II. 1. 京子さんのいもうとさんは高校生です。　2. 京子さんのお母さんは小さい会社ではたらいています。　3. 父は毎日おそくうちに帰ります。　4. (私は)日本語と文学をべんきょうしています。　5. 南さんはすこしえい語をはなします。

第8課 2 p.144

I. 1. 会社員・思います　2. 仕事・休む・言って　3. 新聞・読みます　4. 新しい・車　5. 次・電車・何時　6. 休み・作りました

II. 1. (私は)電車でおんがくを聞きます。　2. 電気をつけてください。　3. (私は)日本の会社員はいそがしいと思います。　4. 休みに何をしますか。　5. 母はらいしゅう東京に行くと言っていました。　6. 次の電車は十一時にきます。

第9課 2 p.146

I. 1. 午前中・雨　2. 午後・友だち・家・話しました　3. 白い・少し・古い　4. 名前・知って・

書いて　5.二時間・来ませんでした　6.時間・後・話

Ⅱ．1.（私は）午後友だちにてがみを書きました。　2.（私は）家で一時間本を読みました。　3.ゆうびんきょくはぎん行と本やの間です。　4.（私の）友だちは先生の後ろです。　5.バスていは大学の前です。　6.後で電話します。

第10課 2 p.148

Ⅰ．1.来年・町・住む　2.今年・お正月・雪　3.自分・売って・買いました　4.道・立って　5.朝・持って　6.夜・長く

Ⅱ．1.（私は）今年、三年生になります。　2.今朝、雪がふりました。　3.（私は）古い車を売って、新しいのを買いました。　4.山田さんはせが高くて、かみが長いです。　5.かばんを持ちましょうか。　6.あした新しい年がはじまります。

第11課 2 p.150

Ⅰ．1.手紙・明るい　2.映画・歌ったり・勉強　3.近く・病院　4.旅行・好き　5.市・有名・所　6.歌・大好き・歌手

Ⅱ．1.（私は）休みの日に映画を見たり、歌を歌ったりします。　2.私の友だちは近所に住んでいます。　3.病気だったから、旅行しませんでした。　4.（私に）手紙を（書いて）ください。　5.（私は）外国語を勉強したことがありません。

第12課 2 p.152

Ⅰ．1.昔々・神さま　2.人々・牛・使って・働いて　3.勉強・別に　4.赤い・色・青い・色　5.今度・連れて・帰ります　6.神社・別れました

Ⅱ．1.（私は）赤と青が好きです。　2.（私は）一度東京に行ったことがあります。　3.（私は）朝早く起きるのが好きじゃないです。　4.（私は）あなたと別れたくないです。　5.電話を使ってもいいですか。　6.（私は）日曜日に働かなければいけません。

げんき II ワークブック 解答
(かい とう)

◉ 会話・文法編
(かい わ　　ぶん ぽう へん)

第13課 1　p. 11

I.　1. 遊んで・遊べる・遊べない　2. 泳いで・泳げる・泳げない　3. 飲んで・飲める・飲めない　4. やめて・やめられる・やめられない　5. 持ってきて・持ってこられる・持ってこられない　6. 待って・待てる・待てない　7. 歌って・歌える・歌えない　8. 走って・走れる・走れない　9. 聞いて・聞ける・聞けない　10. して・できる・できない　11. きて・こられる・こられない　12. 返して・返せる・返せない　13. 帰って・帰れる・帰れない

II.〔解答例〕1. (a) 日本語が話せます。　(b) すしが作れます。　2. (a) 泳げません。　(b) 上手に歌が歌えません。　3. (a) ピアノが弾けました。　(b) ゲームができました。　4. (a) 肉が食べられませんでした。　(b) たくさんの人の前で話せませんでした。

第13課 2　p. 13

I.　1. 話せます　2. 泳げません　3. 決められません　4. 行けません　5. 食べられます　6. 出かけられません

II.　1. どんな歌が歌えますか。　2. どこで安い服が買えますか。　3. きのうの夜、ぜんぜん寝られませんでした。　4. 弁護士になれてうれしいです。　5. 子供の時、卵が食べられませんでしたが、今食べられます。

第13課 3　p. 14

I.　1. 寒いし・眠いし　2. 頭がいいし・ギターが弾けるし　3. テストがあるし・先生に会わなきゃ／会わなければいけないし　4. よくうそをつくし・約束を守らないし　5. 大学に入れたし・友だちがたくさんいるし

II.〔解答例〕1. いいえ、働きたくないです。日本語は難しいし、物価は高いし。　2. はい、好きです。きれいな公園があるし、家族がいるし。　3. 冬のほうが好きです。雪が好きだし、スキーができるし。　4. 東京に行きたいです。友だちがいるし、おもしろい所がたくさんあるし。

第13課 4　p. 15

I.　1. この先生はやさしそうです。　2. このセーターは暖かそうです。　3. この子供は元気そうです。　4. このカレーは辛そうです。　5. この犬は頭がよさそうです。

II.　1. やさしそうな先生ですね。　2. 暖かそうなセーターですね。　3. 元気そうな子供ですね。　4. 辛そうなカレーですね。　5. 頭がよさそうな犬ですね。

第13課 5　p. 16

I.〔解答例〕1. 見てみます　2. 空手のクラスに行ってみます　3. 読んでみます　4. 食べてみます

II.〔解答例〕エジプト (Egypt) に行ってみたいです。そこでピラミッドを見てみたいです。／アフリカ (Africa) に行ってみたいです。そこで動物をたくさん見てみたいです。／中国に行ってみたいです。そこでいろいろな食べ物を食べてみたいです。

第13課 6　p. 17

I.　1. 魚なら食べますが、肉は食べません。　2. 車なら買いたいですが、バイクは買いたくないです。　3. 犬なら飼ったことがありますが、猫は飼ったことがありません。

II.〔解答例〕1. 中国語なら話せます。　2. テニスならできます。　3. すき焼きなら作れます。　4. 五千円なら貸せます。

第13課 7 p.18

I. 1. メアリーさんは一日に三時間ぐらい日本語を勉強します。 2. ジョンさんは一週間に一回スーパーに行きます。 3. 姉は一か月に二回ゴルフをします。 4. けんさんは一年に一回外国に行きます。

II.〔解答例〕1. 一週間に二回ぐらい家族と話します。 2. 一日に二回歯を磨きます。 3. 一日に七時間ぐらい寝ます。 4. 一か月に一回ぐらい髪を切ります。 5. 一週間に二日ぐらい運動します。 6. 一年に一回ぐらいかぜをひきます。

第13課 8 p.19

I.〔解答例〕1. はい、好きです。ピザやハンバーガーが作れます。 2. ほうれんそう (spinach) が食べられませんでした。 3. はい。宿題がたくさんあるし、レポートを書かなきゃいけないし。 4. 車を運転してみたかったです。 5. 秋葉原に行ってみたいです。 6. 一週間に五時間、日本語の授業があります。

II.〔解答例〕1. コンビニで働きました。 2. 一時間に千円ぐらいもらいました。 3. 一週間に五日していました。

第13課 9 p.20

A.

	(外国語)	(運転)	(曜日)
中山 なかやま	英語 えいご	いいえ	月・水・土 げつ すい ど
村野 むらの	中国語 ちゅうごくご	はい	土・日 ど にち

B. 1. ○ 2. × 3. × 4. ○ 5. ○ 6. × 7. ○

C. 1. (a) 高 (b) 暖かそうです (c) 便利そうです 2. 買いません。高すぎますから。 3. 買います。もうすぐお父さんの誕生日ですから。 4. 買います。太りましたから。

第14課 1 p.21

I. 1. ぬいぐるみがほしいです／ほしくないです。 2. 休みがほしいです／ほしくないです。 3.

お金持ちの友だちがほしいです／ほしくないです。

II. 1. 子供の時、大きい犬がほしかったです／ほしくなかったです。 2. 子供の時、楽器がほしかったです／ほしくなかったです。 3. 子供の時、化粧品がほしかったです／ほしくなかったです。

III.〔解答例〕1. お金がほしいです。新しいパソコンが買いたいですから。 2. おもちゃがほしかったです。今はほしくないです。 3. 時間のほうがほしいです。毎日忙しすぎますから。

第14課 2 p.22

I. 1. けちかもしれません 2. かぶきに興味がないかもしれません 3. もう帰ったかもしれません 4. 今、図書館にいるかもしれません 5. よくなかったかもしれません

II.〔解答例〕1. 友だちがいないかもしれません。 2. 毎日アルバイトをしているかもしれません。 3. 今日はソラさんの誕生日かもしれません。 4. きのうの夜、あまり寝られなかったかもしれません。

第14課 3 p.23

I. 1. (give) けんさんはソラさんに花をあげました。(receive) ソラさんはけんさんに花をもらいました。 2. 私はソラさんにぬいぐるみをあげました。 3. (give) ソラさんは私にTシャツをくれました。(receive) 私はソラさんにTシャツをもらいました。 4. 私はけんさんに時計をあげました。 5. (give) けんさんは私に帽子をくれました。(receive) 私はけんさんに帽子をもらいました。

II.〔解答例〕1. 指輪をもらいました。彼にもらいました。 2. ネクタイをあげるつもりです。友だちは、ネクタイを一本しか持っていませんから。

第14課 4 p.24

I. 1. 会社に履歴書を送ったらどうですか 2. おしゃれなレストランに行ったらどうですか 3. うちにいたらどうですか 4. 先生に相談したらど

うですか　5.警察に行ったらどうですか

Ⅱ.〔解答例〕1.どうしたんですか　2.日本語の授業が難しすぎるんです　3.先生に相談したらどうですか　4.そうします。ありがとうございます

第14課 5 p. 25

Ⅰ.〔解答例〕1.ナオミさんのお父さんは車を七台も持っています。　2.けんさんは去年本を三冊しか読みませんでした。　3.メアリーさんはアルバイトが三つもあります。　4.ジョンさんはきのう四時間しか寝ませんでした。　5.たけしさんは猫を六匹も飼っています。　6.山下先生はTシャツを二枚しか持っていません。　7.ひろさんは友だちが一人しかいません。

Ⅱ.〔解答例〕1.五時間もしました。　2.千円しかありません。　3.三本持っています。

第14課 6 p. 26

Ⅰ.〔解答例〕1.はい。おじさんにトレーナーをもらいました。　2.パソコンです。父がくれました。　3.父の誕生日にセーターをあげるつもりです。私は編むのが好きですから。　4.新しいカメラがほしいです。今のは古くて大きいですから。　5.五回ぐらい遅刻しました。

Ⅱ.〔解答例〕私は十年後、日本で働いていると思います。大きい会社に勤めていて、お金持ちかもしれません。今の彼女と結婚しているかもしれません。

第14課 7 p. 27

A. すずき→よしだ→たなか→もり

B. 1.(a)髪を切りたい　(b)バス停の前の美容院に行ったら　2.(a)日本語をもっと話したい　(b)何かサークルに入ったら　3.(a)ホストファミリーの子供たちに何かあげたい　(b)一緒にケーキを作ったら

C. 1. a.○　b.○　c.×　d.○　e.×　2.まんがを一冊あげるつもりです。

第15課 1 p. 28

Ⅰ. 1.泳げる・泳ごう　2.読める・読もう　3.やめられる・やめよう　4.磨ける・磨こう　5.売れる・売ろう　6.捨てられる・捨てよう　7.こられる・こよう　8.付き合える・付き合おう　9.卒業できる・卒業しよう

Ⅱ. 1.今晩レストランで食べよう　2.予約しようか　3.ゆいさんも誘おう　4.どうやって行こうか　5.電車で行こう

第15課 2 p. 29

Ⅰ. 1.保険に入ろうと思っています　2.両親にお金を借りようと思っています　3.お風呂に入って早く寝ようと思っています　4.ボランティア活動に参加しようと思っています　5.花を送ろうと思っています　6.練習しようと思っています

Ⅱ.〔解答例〕1.今度の休みに何をしようと思っていますか　2.友だちが来る　3.友だちといろいろな所に行こうと思っています　4.試験があるので、勉強しようと思っています

第15課 3 p. 30

Ⅰ. 1.お金をおろしておきます　2.旅館を予約しておきます　3.電車の時間を調べておきます　4.新しい歌を練習しておきます　5.いいレストランを探しておきます

Ⅱ.〔解答例〕1.水と食べ物を買っておきます。　2.たくさん勉強しておきます。　3.暖かい服を買っておかなければいけません。

第15課 4 p. 31

Ⅰ. 1.食堂がある　2.私が先生に借りた　3.父が私にくれたジャケット　4.友だちが住んでいるマンション　5.最近できたカフェ

Ⅱ. 1.これは兄が予約した旅館です。　2.これは私が去年登った山です。

第15課 5 p. 32

I. 1. 同じ大学を卒業した人に会いました。 2. ロシアに行ったことがある友だちがいます。 3. きのう食べた料理はおいしかったです。 4. 中国語が話せる人を探しています。

II.〔解答例〕1. プールがあるアパートがいいです。 2. おしゃれな店がたくさんある町に住みたいです。 3. 料理が上手な人がいいです。

第15課 6 p. 33

I.〔解答例〕1. ホテルを予約しておかなければいけません。 2. 観光したい所は、渋谷です。ハチ公と一緒に写真を撮りたいからです。 3. 東京に友だちに会いに行こうと思っています。 4. ハワイに住んでいる友だちがいます。 5. 海が見える家に住みたいです。

第15課 7 p. 34

A. 1. お寺で買った 2. 妹が編んだ 3. おじいさんが若い時、使っていた 4. 彼女と京都で撮った 5. 先生に借りた 6. 両親がくれた

B. 1. 勉強しよう 2. ありません 3. 食べ物がおいしい 4. 本で広島について調べておく 5. 宿題をしておきます

C. 1. × 2. × 3. ○ 4. ○ 5. ×

第16課 1 p. 35

I. 1. 母の日に母に花を買ってあげました。 2. おばあさんを駅に連れていってあげました。 3. 先生が推薦状を書いてくれました。

II. 1. 友だちに英語に訳してもらいました。 2. ホストファミリーのお母さんに漢字を教えてもらいました。 3. ルームメイトに起こしてもらいました。

第16課 2 p. 36

I. 1. 姉は時々（私に）車を貸してくれます。／（私は）時々姉に車を貸してもらいます。 2. 友だちは（私を）病院に連れていってくれました。／

（私は）友だちに病院に連れていってもらいました。 3. 友だちは（私に）晩ご飯をおごってくれました。／（私は）友だちに晩ご飯をおごってもらいました。 4. （私は）家族に旅行の写真を見せてあげました。 5. 家族が日本に来るので、（私は）京都を案内してあげます。

II. 1. くれます 2. くれます 3. もらいます 4. あげます 5. くれます

第16課 3 p. 37

I. 1. お金を貸してくれない？ 2. （私の）日本語を直してくれない？ 3. あした七時に起こしてくれませんか。 4. もっとゆっくり話してくれませんか。 5. 推薦状を書いていただけませんか。 6. これを英語に訳していただけませんか。

II.〔解答例〕1. お母さん、宿題をしてくれませんか。 2. お金を返してくれない？

第16課 4 p. 38

I.〔解答例〕1. プレゼントがたくさんもらえるといいですね 2. いい仕事が見つかるといいですね 3. いろいろな経験ができるといいですね 4. 早くよくなるといいですね

II. 1. 大学院に行きたいです。奨学金がもらえるといいんですが。 2. あしたの朝、試験があります。朝寝坊しないといいんですが。 3. あした、発表しなければいけません。緊張しすぎないといいんですが。 4. バーベキューをするつもりです。雨が降らないといいんですが。

第16課 5 p. 39

I. 1. 来た 2. 来る 3. 道に迷った 4. な 5. の

II. 1. ご飯を食べる 2. ご飯を食べた 3. 電車に乗る

第16課 6 p. 40

I. 1. 日本に行った時、旅館に泊まりたいです。

(A) 2. きのう寝る時、歯を磨きませんでした。

(B) 3. ボランティア活動に参加した時、いろい

ろな人に会いました。(A)　4. 学校に行く時、バ
スに乗ります。(B)　5. この車を買う時、銀行か
らお金を借りました。(B)　6. 友だちにプレゼン
トをもらった時、うれしかったです。(A)

Ⅱ.〔解答例〕1. 一人で晩ご飯を食べる時、悲しい
です。　2. さびしい時、両親に電話します。　3.
スピーチをする時、緊張します。

第16課 7 p. 41

Ⅰ. 1. きのうレポートを出さなくてすみませんで
した。　2. 起こしてごめん。　3. 誕生日パーティ
ーに行けなくてごめん。　4. 返事を忘れてごめ
ん。　5. 先生に借りた本をなくしてすみませんで
した。　6. 遅くなってごめん。

Ⅱ.〔解答例〕1. 最近電話しなくてごめん。　2. う
そをついてごめん。　3. よく授業をサボってすみ
ませんでした。　4. (to my girlfriend) ほかの人を好
きになってごめん。

第16課 8 p. 42

Ⅰ.〔解答例〕1. ご飯をおごってあげます。　2. 友
だちに電話してもらいたいです。　3. よくディズ
ニーランドに連れていってくれました。　4. 友だ
ちの卒業式に行った時、感動しました。　5. はい、
よく泣きます。感動した時、泣きます。　6. たい
てい、だれかに道を聞きます。

第16課 9 p. 43

A. 1. T　2. T　3. T　4. H　5. H　6. T
B. 1. (1) e　(2) a　(3) b　(4) d, f　2. ビデオチャ
ットに参加してもらいたいです。
C. 1. ○　2. ×　3. ○　4. ×　5. ×　6. ○

第17課 1 p. 44

Ⅰ. 1. ヤスミンさんは一日に五回お祈りするそう
です。　2. 私の友だちの寮は汚くないそうです。
3. たけしさんは旅行会社に就職したそうです。
4. 映画館は混んでいなかったそうです。　5. ソラ
さんはあした試験があるので、今晩勉強しなき

ゃ／勉強しなければいけないそうです。　6. けん
さんの大家さんはとてもけちだそうです。

Ⅱ.〔解答例〕1. 長野で地震があったそうです　2.
あしたはとても寒くなるそうです　3. メアリー
さん(によると、)あしたは授業がないそうです

Ⅲ.〔解答例〕1. また円が高くなったって　2. 先
生は病気だって

第17課 2 p. 45

Ⅰ. 1. 電子レンジに入れたら　2. インフルエンザ
だったら　3. お金が足りなかったら　4. 就職で
きなかったら

Ⅱ. 1. 今週の週末雨が降らなかったら、バーベキ
ューをしましょう。　2. 私が先生だったら、毎週
試験をします。　3. 友だちから返事がなかった
ら、悲しくなります。　4. 赤ちゃんが生まれたら、
一年休みをとります。　5. このアルバイトに興味
があったら、電話してください。

第17課 3 p. 46

Ⅰ. 1. 空港に迎えに来なくてもいいです。　2.
今日はおごってあげます。払わなくてもいいです。
3. 宿題がないので、今晩勉強しなくてもいいで
す。　4. そのホテルは混んでいないので、予約を
しなくてもいいです。　5. 私は家でお皿を洗わな
くてもいいです。ホストファミリーのお母さんが
してくれます。

Ⅱ. 1. 持っていかなくてもいいよ　2. しなくても
いいよ　3. 返さなくてもいいよ

Ⅲ.〔解答例〕あしたは休みなので、早く起きなく
てもいいです。／母が料理してくれるので、自分
で料理しなくてもいいです。

第17課 4 p. 47

Ⅰ. 1. かぜをひいたみたいです。　2. 車にスマホ
を忘れたみたいです。　3. 妹はよく泣きます。
子供みたいです。　4. 友だちはまだ日本の生活に
慣れていないみたいです。　5. 私のおじさんは
離婚するみたいです。

Ⅱ.〔解答例〕1. 男の人は急いでいるみたいです。
2. 本を読んでいるみたいです。 3. 切符をなくしたみたいです。

第17課 5 p. 48

Ⅰ. 1. 料理する・手を洗います 2. ご飯を食べる・「いただきます」と言います 3. ご飯を食べて・「ごちそうさま」と言います 4. お皿を洗って・歯を磨きます

Ⅱ. 1. かぎをかけてから寝ました。 2. 卒業してから、仕事を探すつもりです。 3. 出かける前に、いつも天気予報を見ます。

第17課 6 p. 49

Ⅰ.〔解答例〕1. 旅行会社に就職しようと思っています。 2. いろいろな国を旅行したいです。 3. はい。サリーさんは彼と別れたそうです。 4. テレビのニュースによると、最近、いろいろな所で地震があったそうです。 5. 漢字を練習しました。 6. 運動するつもりです。

第17課 7 p. 50

A. 1.○ 2.× 3.× 4.○ 5.× 6.× 7.○

B. 1. No 2. Yes 3. No 4. Yes

C. 1. 日曜日に行くつもりです。 2. (a) おいしいものが食べたい (b) 買い物がしたい (c) 六甲山に行きたい 3. 町で買い物をしたり、おいしいものを食べたりするつもりです。

第18課 1 p. 51

1. あく 2. しめる 3. しまる 4. いれる 5. はいる 6. だす 7. でる 8. つける 9. つく 10. けす 11. きえる 12. おとす 13. おちる 14. こわす 15. こわれる 16. よごす 17. よごれる 18. わかす 19. わく

第18課 2 p. 52

Ⅰ. 1. しめます 2. はいります 3. つけます 4. わきます 5. だします 6. きえます 7. こわれ

ます 8. よごします 9. おちます

Ⅱ.〔解答例〕1. はい、電気を消します。 2. いいえ、寒い時は窓を開けません。 3. いいえ、あまり服を汚しません。 4. はい、よく物を壊します。5. いいえ、財布を落としたことがありません。

第18課 3 p. 53

1. 開いています／閉まっていません 2. 閉まっています／開いていません 3. 壊れています 4. ついています／消えていません 5. 汚れています 6. 消えています／ついていません 7. 沸いています

第18課 4 p. 54

Ⅰ. 1. もうレポートを書いてしまいました。 2. この本を読んでしまいました。 3. 大切なものをなくしてしまいました。 4. 父の車を借りましたが、壊してしまいました。 5. 友だちが約束を守らなかったので、けんかしてしまいました。 6. 仕事をやめてしまったので、今仕事がありません。

Ⅱ. 1. 飲んじゃった 2. 捨てちゃった

第18課 5 p. 55

Ⅰ. 1. 友だちから返事が来ないと、不安になります。 2. パソコンを使うと、目が痛くなります。3. 緊張すると、のどがかわきます。 4. この薬を飲むと、眠くなります。 5. 春が来ると、桜が咲きます。

Ⅱ.〔解答例〕1. 運動すると 2. 飛行機に乗ると3. プレゼントをもらうと

Ⅲ.〔解答例〕1. 寝る前にコーヒーを飲むと、寝られません。 2. 人がたくさんいる所で転ぶと、恥ずかしくなります。

第18課 6 p. 56

Ⅰ. 1. スマホを見ながら、料理します。／料理しながら、スマホを見ます。 2. 泣きながら、謝ります。／謝りながら、泣きます。 3. 歌を歌いながら、アイロンをかけます。／アイロンをかけ

ながら、歌を歌います。 4. コーヒーを飲みながら、本を読みます。／本を読みながら、コーヒーを飲みます。

Ⅱ. 1. テレビを見ながら宿題をしました。 2. メアリーさんは笑いながら写真を見せてくれました。 3. 散歩しながら考えます。 4. 歩きながら食べないほうがいいですよ。

Ⅲ. 〔解答例〕1. ラジオを聞きながら、勉強します。 2. 歌いながら自転車に乗るのが好きです。

第18課 7 p. 57

Ⅰ. 1. 電話すればよかったです。 2. 安いのを買わなければよかったです。 3. あの服を買えばよかったです。 4. もっと気をつければよかったです。

Ⅱ. 〔解答例〕1. 買い物をしなければよかったです。 2. 車の中で本を読まなければよかったです。 3. もっと勉強すればよかったです。 4. きのうの夜、出かけなければよかったです。

Ⅲ. 〔解答例〕古い牛乳を飲まなければよかったです。／あの時謝ればよかったです。

第18課 8 p. 58

Ⅰ. 〔解答例〕1. 日本語の教科書が入っています。 2. はい、目覚まし時計を壊したことがあります。友だちに新しい目覚まし時計をあげました。 3. 音楽を聞きながら、よく運転します。 4. もっとピアノを練習すればよかったと思います。 5. 友だちと話したり、カラオケで歌ったりすると、元気になります。

第18課 9 p. 59

A. 1. × 2. × 3. ○ 4. ○

B. 1. off 2. off 3. スイッチを押していませんでした。

C. 1. 英語の学校に行っています。 2. 英語ができなくて、飛行機に乗り遅れました。 3. 学生の時にもっと勉強しておけばよかったと言っていました。

第19課 1 p. 60

1. 召し上がりました 2. お吸いになります 3. ご覧になりました 4. お帰りになります 5. いらっしゃいませんでした 6. 結婚していらっしゃいます 7. お会いになった 8. お話しになります 9. おっしゃいました 10. くださいました 11. お休みになりました 12. なさいません 13. 書いていらっしゃる

第19課 2 p. 61

Ⅰ. 勉強した→勉強なさった，教えていましたが→教えていらっしゃいましたが，来ました→いらっしゃいました，言っています→おっしゃっています，買った→お買いになった，歌ってくれます→歌ってくださいます，練習した→練習なさった

Ⅱ. 1. お休みになりました 2. なさる 3. 召し上がって

第19課 3 p. 62

Ⅰ. 1. どんな音楽をお聞きになりますか。 2. もうこの映画をご覧になりましたか。 3. 有名な先生が大学にいらっしゃいました。 4. 先生は卒業式でスピーチをなさいました。 5. 山下先生はとても疲れていらっしゃるみたいです。

Ⅱ. 1. (a) お書きください 2. (d) ご覧ください 3. (b) お待ちください 4. (c) お召し上がりください

第19課 4 p. 63

Ⅰ. 1. 家まで送ってくれてありがとう。 2. お金を貸してくれてありがとう。 3. 町を案内してくれてありがとう。 4. 晩ご飯をごちそうしてくださってありがとうございました。 5. 推薦状を書いてくださってありがとうございました。 6. パーティーに招待してくださってありがとうございました。

Ⅱ. 〔解答例〕(father) 迎えに来てくれてありがとう。

／(friend) 写真を見せてくれてありがとう。／
(professor) 推薦状を書いてくださってありがとう
ございました。

第19課 5 p.64

I. 1. 敬語を勉強してよかったです。 2. 田中さん
に会えてよかったです。 3. 今日晴れてよかった
です。 4. 日本語の勉強をやめなくてよかったで
す。 5. あの飛行機に乗らなくてよかったです。
6. おばあさんが元気になってよかったです。
II.〔解答例〕この大学に入れてよかったです。／
道に迷わなくてよかったです。／レストランを予
約しておいてよかったです。

第19課 6 p.65

I. 1. 彼が来るから、ソラさんは部屋を片付ける
はずです。 2. メアリーさんはいい学生だから、
授業をサボらないはずです。 3. カナダはアメリ
カより大きいはずです。 4. ジョンさんは中国に
住んでいたから、中国語が上手なはずです。
II. 1. 食べないはずです／食べないはずだよ 2.
来るはずです
III. 1. 着くはずでした 2. 来年結婚するはずでし
た

第19課 7 p.66

I.〔解答例〕1. まじめで、恥ずかしがり屋だと思
います。 2. かぶきに興味があります。 3. はい、
日本語を勉強してよかったと思います。日本人
の友だちがたくさんできましたから。 4. 友だち
に「悩みを聞いてくれてありがとう」と言いたい
です。 5. はい、あります。友だちが約束を守ら
なかったので怒りました。

第19課 8 p.67

A. 1. × 2. ○ 3. × 4. ○ 5. ○ 6. ×
B. 1. c—E 2. d—C 3. e—D 4. b—A 5. a
—B
C. 1. (a) 高校へ行きました。 (b) 高校生と話を

しました。 (c) 12:30 (d) 高校生の歌を聞きまし
た。 (e) 空手の練習を見ました。 (f) 高校の時の
ホストファミリーに会いました。 (g) 東京へ帰
りました。 2. a. ○ b. × c. ○

第20課 1 p.69

1. 参ります 2. 申します・いたします 3. いた
だきます 4. おります 5. ございます 6. でご
ざいます

第20課 2 p.70

1. お会いしました 2. お借りしました 3. おい
れします 4. いただきました 5. お送りしまし
た 6. お持ちしました 7. お貸ししました 8.
お呼びしましょう 9. さしあげよう

第20課 3 p.71

I. 1. 駅までお送りしましょうか。 2. 私の国に
いらっしゃったら、ご案内します。 3. 部長の荷
物が重そうだったので、お持ちしました。 4. あ
したは部長の誕生日なので、何かさしあげよう
と思っています。
II. 会いました→お会いしました, 案内してもら
いました→案内していただきました, ごちそうし
てもらいました→ごちそうしていただきました,
聞きました→お聞きしました／伺いました, 借
りていた→お借りしていた, 返しました→お返し
しました, あげました→さしあげました

第20課 4 p.72

I. 1. 住んでいらっしゃいますか 2. 住んでおり
ます 3. いらっしゃいましたか 4. 参りました
5. いらっしゃいますか 6. おります 7. 何を勉
強なさいましたか 8. 勉強いたしました
II. 1. 森さんは九時に空港にお着きになりました
2. 初めて森さんにお会いしました 3. 森さんは
クラブを持ってきていらっしゃらなかったので、
私のをお貸ししました 4. 七時ごろホテルまで
お送りしました

第20課 5 p.73

I. 1. いいえ。天気を調べないで出かけます。 2. いいえ。辞書を使わないで新聞を読みます。 3. いいえ。よく考えないで高い物を買います。 4. いいえ。手を洗わないでご飯を食べます。 5. いいえ。レシピを見ないで料理します。 6. いいえ。ホテルを予約しないで旅行します。

II.〔解答例〕1. お風呂に入らないで 2. 車に乗らないで 3. 宿題をしないで、学校に行きました

第20課 6 p.74

I. 1. 日本語の勉強を続けるかどうか 2. 空港までどのぐらいかかるか 3. 二階の部屋にどんな人が住んでいるか 4. メアリーさんの趣味が何か知っていますか 5. だれが家まで送ってくれたか覚えていません 6. このセーターを交換してくれるかどうかわかりません

II.〔解答例〕何歳の時、結婚するか知りたいです。／どんな会社に就職するか知りたいです。／幸せになれるかどうか知りたいです。

第20課 7 p.75

I.〔解答例〕1. IQ84 という 2. 綾小路という 3. おからという 4. はせいちという本屋 5. ドラえもんというまんが

第20課 8 p.76

I. 1. 食べにくいです 2. 走りやすいです 3. 歩きにくいです

II. 1. 住みやすいです 2. 曲がりにくいです 3. 歌いにくいです 4. 持ちやすいです 5. 相談しやすいです

第20課 9 p.77

I.〔解答例〕1. はい、あります。財布を取りに家に戻りました。 2. いいえ、知りません。先生は週末映画を見に行ったと思います。 3. 人があまり多くない町が生活しやすいと思います。 4. 『げんき』という本が大好きです。楽しく日本語が勉強できるからです。

II.〔解答例〕ロバート・スミスと申します。イギリスから参りました。今、日本の大学で日本語とビジネスを勉強しております。どうぞよろしくお願いいたします。

第20課 10 p.78

A. 1. d→b→e→a→c 2.(1)d (2)e (3)a

B. 1. 携帯を持た 2. レポートを書か 3. かぎをかけなかった 4. 教科書を持た

C. 1.○ 2.○ 3.× 4.×

第21課 1 p.79

I. 1. いじめられる・いじめられる 2. 読める・読まれる 3. 帰れる・帰られる 4. 話せる・話される 5. さわれる・さわられる 6. 泣ける・泣かれる 7. 笑える・笑われる 8. こられる・こられる 9. できる・される

II. 1. 田中さんになぐられました 2. 山本さんにばかにされます 3. お客さんに文句を言われます 4. どろぼうに家に入られました 5. どろぼうにかばんを盗まれました 6. 知らない人に足を踏まれました

第21課 2 p.80

I. 1. 私は漢字を間違えたので、子供に笑われました。 2. 友だちに遊びに来られたので、勉強できませんでした。 3. 子供の時、よく母に兄と比べられたので、悲しかったです。 4. 私はよく授業に遅刻するので、先生に怒られます。 5. よく兄に私の車を使われるので、困っています。

II. 1. 毎晩、赤ちゃんに泣かれます。 2. 田中さんはお母さんによく日記を読まれます。 3. 子供の時、けんとさんにいじめられました。 4. 教室で財布を盗まれました。

第21課 3 p.81

1. 兄に日本語を教えてもらいました　2. 兄にカメラを壊されました　3. 兄にまんがを貸してもらいました　4. 兄にチョコレートを食べられました　5. 兄に有名なレストランで晩ご飯をごちそうしてもらいました　6. 兄にばかにされます　7. 子供の時、兄によくいじめられました

第21課 4 p.82

I.　1. カーテンが開けてあります。　2. 窓が閉めてあります。　3. ポスターが貼ってあります。　4. エアコンがつけてあります。　5. ケーキが焼いてあります。

II.　1. 寒いですね。ヒーターがつけてありますか。　2. 晩ご飯が作ってあります。おいしいといいんですが。　3. かぶきのチケットが二枚買ってあります。一緒に行きませんか。

第21課 5 p.83

I.　1. 私が着替えている間に、ルームメイトがコーヒーをいれてくれました。　2. 赤ちゃんが寝ている間に、晩ご飯を準備します。　3. お風呂に入っている間に、電話がありました。　4. 私が留守の間に、だれか来ましたか。　5. 両親が日本にいる間に、広島に連れていってあげるつもりです。
II.〔解答例〕1. 寝ている　2. 猫が家に入りました　3. 旅行し・勉強し　4. 学生の・もっと勉強すれ

第21課 6 p.84

I.　1. 両親が来るので、部屋をきれいにしなければいけません。　2. 覚えなければいけない単語がたくさんあります。少なくしてください。　3. 二万円は高すぎます。安くしてくれませんか。　4. 私が市長だったら、町を（もっと）安全にします。　5. 留守の間に犬が私の部屋をめちゃくちゃにしました。
II.〔解答例〕1. 社長だったら、休みを長くしたいです。　2. 大統領／首相だったら、お金持ちの

税金を高くします。　3. 大家さんだったら、家賃を安くします。

第21課 7 p.85

1. 私はルームメイトに気がついてほしいです。　2. 私は友だちに信じてほしいです。　3. 私は父にほめてほしいです。　4. 私は先生に名前を間違えないでほしいです。　5. 私は政府に税金を安くしてほしいです。　6. 私は同僚に仕事を続けてほしいです。　7. 私は友だちに約束を忘れないでほしいです。

第21課 8 p.86

I.〔解答例〕1. 友だちにうそをつかれたら、悲しくなります。　2. 家族が寝ている間にゲームをします。　3. はい、あります。財布を盗まれました。　4. はい、あります。どろぼうに入られた時、警察に電話しました。　5. 魔法が使えたら、私の家を大きくします。　6. 友だちに一緒に買い物に行ってほしいです。友だちは安くていい物を見つけるのが上手ですから。

第21課 9 p.87

A.

	男の人の問題	女の人のアドバイス
Dialogue 1	となりの人のアラームがうるさくて起きてしまう	「静かにしてください」と言う
Dialogue 2	きのうの夜、奥さんにかぎをかけられて、家に入れてもらえなかった	奥さんに何かプレゼントを買って帰る

B. 1. 冷蔵庫に入れてあった牛乳を全部飲まれました　2. 歴史のレポートのファイルを消されました　3. 経済のクラスで歴史のレポートを書いていた・怒られました

C. 1. ○　2. ×　3. ×　4. ○　5. ○

第22課 1 p. 88

Ⅰ. 1. 聞かれる・聞かせる 2. 消される・消させる 3. 撮られる・撮らせる 4. 読まれる・読ませる 5. 見られる・見させる 6. 呼ばれる・呼ばせる 7. される・させる 8. 買われる・買わせる 9. こられる・こさせる

Ⅱ. 1. 部長は山田さんにプロジェクトの計画を立てさせました。 2. 部長は山田さんに車を運転させました。 3. 先生は毎週学生に発表をさせます。 4. 子供の時、両親は私に本を読ませました。

第22課 2 p. 89

1. 部長は部下に英語の手紙を翻訳させました。 2. 部長は部下にお茶をいれさせました。 3. 部長は部下に書類のコピーを取らせました。 4. 部長は部下に迎えに来させました。 5. 部長は部下に手伝わせました。 6. 部長は部下に着替えさせました。 7. 部長は部下に書類を拾わせました。

第22課 3 p. 90

Ⅰ. 1. 子供の時、両親は犬を飼わせてくれませんでした。 2. 父は一人暮らしをさせてくれません。 3. 友だちは時々車を使わせてくれます。 4. 高校の時、母は車の免許を取らせてくれませんでした。 5. テニスをする時、私は時々妹に勝たせてあげます。

Ⅱ. 1. アルバイトをやめさせてください。 2. 考えさせてください。 3. 今日は私にごちそうさせてください。 4. その有名人に会わせてください。

第22課 4 p. 91

Ⅰ.〔解答例〕1. 早く学校に行きなさい 2. 野菜も食べなさい 3. 宿題をしなさい 4. 早く寝なさい 5. 早く起きなさい 6. この服を着なさい

Ⅱ.〔解答例〕部屋を掃除しなさい。／勉強しなさい。

第22課 5 p. 92

Ⅰ. 1. 予習すれば、あの先生の授業がよくわかります。 2. 急げば、間に合います。 3. 予約しておけば、大丈夫です。 4. 部長が反対しなければ、このプロジェクトを始められます。 5. やってみれば、できるかもしれません。

Ⅱ.〔解答例〕1. 何度も書けば、覚えられますよ 2. 私が作ったスープを飲めば、元気になりますよ

Ⅲ.〔解答例〕1. いつも笑っていれば、いい友だちができます。 2. お金持ちと結婚すれば、楽な生活ができます。 3. 助けてもらったり、助けてあげたりすれば、みんなが幸せになります。

第22課 6 p. 93

Ⅰ. 1. 今日、期末試験があるのに (b) 2. 毎日練習したのに (d) 3. あの人にプレゼントをあげたのに (e) 4. 兄弟なのに (c) 5. 同僚は忙しくないのに (a)

Ⅱ.〔解答例〕1. 車を運転した 2. 成績がいいです 3. 仕事が大変 4. 何でもしてあげた

第22課 7 p. 94

Ⅰ.〔解答例〕1. ジョン(さんは)パンダのように(かわいいです。) 2. メアリー(さんは)ビリー・アイリッシュのように(歌が上手です。) 3. (私は)パン屋さん(のように)パンが上手に焼けます。

Ⅱ.〔解答例〕1.「ハリー・ポッター」のような 2. ニューヨークのような 3. ソニーのような

Ⅲ. 1. 今日は夏のように暑いです。 2. おじいさんのような人になりたいです。 3. 彼女は道に迷った時、子供のように泣きました。 4. ソラさんは日本人のように日本語がぺらぺらです。 5. あなたのような怠け者に会ったことがありません。

第22課 8 p. 95

Ⅰ.〔解答例〕1. 空手を習わせたいです。強い人になってほしいからです。 2. 予習と復習をすれ

ば、いい成績が取れると思います。はい、しています。 3. 母のような人になりたいです。母は頭がよくて、いろいろなことをよく知っているからです。 4. 高校の時、友だちの家に泊まりに行かせてくれました。アルバイトをさせてくれませんでした。

第22課 9 p. 96

A. 1. B　2. W　3. H　4. H　5. W　6. B　7. W

B.

	今	大学生になったら
友だちと旅行する		○
アルバイトをする		○
一人暮らしをする		―

C. 1. 美術館に行きます。バスで行きます。 2. セーターをほしがっています。ホテルのとなりの店に行きます。 3. 警察に行きます。財布を盗まれましたから。

第23課 1 p. 97

I. 1. 答えさせる・答えさせられる　2. 待たせる・待たされる　3. 歌わせる・歌わされる　4. 話させる・話させられる　5. 書かせる・書かされる　6. 入れさせる・入れさせられる　7. 飲ませる・飲まされる　8. 訳させる・訳させられる　9. 作らせる・作らされる　10. させる・させられる　11. こさせる・こさせられる　12. 受けさせる・受けさせられる

II. 1. ゆみさんはお母さんにアイロンをかけさせられます。 2. ひろこさんは先輩にボールを拾わされます。 3. たけしさんは部長にコピーを取らされます。

第23課 2 p. 99

I. 1. 私に宿題を手伝わせました・弟に宿題を手伝わされました　2. 私にペットの世話をさせました・親にペットの世話をさせられました　3. 私にお皿を洗わせました・親にお皿を洗わされました

II. 〔解答例〕1. 毎日ピアノを練習させられました。 2. 長い作文を書かされました。 3. クラブの先輩にお弁当を買いに行かされました。

第23課 3 p. 100

1. 私は友だちに笑われました。 2. 私は両親に空手を習わされました。 3. 私は両親に旅行をあきらめさせられました。 4. 私は子供の時、友だちに悪口を言われました。 5. 私は子供の時、母に一日に三回歯を磨かされました。 6. 私は友だちに駅で一時間待たされました。 7. 私はお客さんに文句を言われました。 8. 私は蚊に刺されました。

第23課 4 p. 101

I. 1. 雨がやんでも、出かけません。 2. 私が約束を守らなくても、友だちは何も言いません。 3. 試験が難しくても、カンニングしません。 4. 結果がよくなくても、がっかりしないでください。 5. ただでも、ほしくないです。

II. 〔解答例〕1. いじめられて　2. 幸せじゃなくて　3. 日本語の勉強を続けます　4. 家族(に反対されても)、日本に留学します　5. お父さんの料理(がまずくても)、食べます

第23課 5 p. 102

I. 1. ソラさんは来年試験を受けることにしました。 2. けんさんは今年就職しないことにしました。 3. レポートの締め切りはあしたなので、ジョンさんは徹夜することにしました。 4. 私は健康と環境について調査することにしました。 5. 病気になるかもしれないので、保険に入ることにしました。

II. 〔解答例〕1. 映画を見に行くことにしました　2. 出かけないことにしました　3. 公園で友だちと野球をすることにしました　4. 毎朝六時に起きて練習することにしました　5. 日本に留学することにしました

第23課 6 p. 103

I. 1. 健康のために毎日走ることにしています。 2. 危ない所に行かないことにしています。 3. エレベーターを使わないで、階段を使うことにしています。 4. 悪口を言わないことにしています。 5. 一週間に一回両親に電話することにしています。 6. 病気でも、授業を休まないことにしています。 7. 弟にうそをつかれても、怒らないことにしています。

II.〔解答例〕1. 三十分歩くことにしています。 2. 甘いものを食べないことにしています。太るからです。

第23課 7 p. 104

I. 1. お金をためるまで、旅行しません。 2. 宿題が終わるまで、待ってくれませんか。 3. 二十歳になるまで、お酒を飲んではいけません。 4. アパートを見つけるまで、私の家にいてもいいですよ。 5. ペットが死ぬまで、世話をしなければいけません。 6. 雨がやむまで、待たなければいけませんでした。

II.〔解答例〕1. 卒業するまで、日本語の勉強を続けるつもりです。 2. 結婚するまで、親と住むつもりです。 3. 新しい仕事を見つけるまで、今の町にいるつもりです。

第23課 8 p. 105

I. 1. このアプリの使い方がわかりません。 2. 注文のし方を説明してください。 3. おいしいお茶のいれ方が知りたいです。 4. 野菜の育て方を教えてくれませんか。

II.〔解答例〕1. まず、単語のカードを作ります。それを何度も見て練習すれば、覚えられますよ 2.（A）この野菜の食べ方 （B）小さく切って焼いたら、おいしいですよ。サラダに入れてもいいですよ

第23課 9 p. 106

I.〔解答例〕1. はい。先生に長い作文を書かされました。 2. 間違えても、日本語で話すことにしています。／時間がかかっても、歩いて大学に行くことにしています。／だれかに悪口を言われても、悪口を言わないことにしています。 3. いつも文句を言っている人に我慢できません。 4. はい、あります。有名なレストランで食べたのに、ぜんぜんおいしくなかったからです。 5. 宿題を復習したり、文法の説明を読んだりします。

第23課 10 p. 107

A. Dialogue 1: a, d, e　Dialogue 2: a, c, e

B. Dialogue 1: a. ○　b. ×　Dialogue 2: a. ○　b. ×

C.

	学生の知りたいこと	ゆきさんのアドバイス
Dialogue 1	漢字の覚え方	読み方はカードを作って、書き方はノートにたくさん書いて覚えます
Dialogue 2	空港の行き方	駅からバスで行きます

◉ 読み書き編

第13課 2 p. 112

1. くに・食べ物・飲み物　2. 特に・鳥・肉　3. 昼・空港・着きました　4. 朝ご飯・まいにち・同じ・物　5. せんげつ・海・とき・水着　6. ときどき・きぶん・悪く　7. ご飯・安くて・体　8. いっしょう・いちど　9. 買い物・料理・昼ご飯　10. 着物・着て

第14課 2 p. 114

1. 彼・親切・としうえ　2. にかげつご・留学・家族　3. 店・英語・じょうず　4. 急に・病気・医者　5. 去年・本当に・楽しかった　6. ほっかいどう・乗りました　7. 彼女・留学生・音楽　8.

時代・さんねんかん　9. 買い物・急いで　10. 父親・切って

第15課　2　p. 116

1. 夏休み・自転車・借りました　2. 地下・通ります　3. 建物・走って　4. 意味　5. 夏・お寺　6. 魚・足　7. 場所・にじゅうまんにん・死にました　8. 広い・注意　9. ことし・うまれました　10. 近く・ゆうめいな・神社　11. いちねんじゅう・にんき　12. 南・楽しんで

第16課　2　p. 118

1. 世界・教室　2. 子供・運動　3. 全部・自分・考えて　4. 以外・毎週　5. 部屋・開けて・そら　6. しょうがくせい・味方　7. 始まる・だして　8. 国・本屋・始めます　9. 先週・一週間・運転・教えて　10. 使って・書きました

第17課　2　p. 120

1. ふたり・結婚・発表しました　2. 写真・集めて　3. 小野・ご主人・三十歳　4. 音楽・習って　5. 作品・つくりました　6. はちじゅうねんだい・主に・分野・活動　7. 文字・なんども　8. 歩いて・仕事　9. そのご・長野・生活　10. 写す

第18課　2　p. 122

1. 食堂・映画館　2. 授業・目的　3. 洋服・貸して　4. らいしゅう・試験・終わります　5. まいつき・でんきだい　6. したしい・からて　7. だんしがくせい・じょしがくせい・図書館・宿題　8. みっか・いじょう・力仕事　9. 目・いれて・服　10. 旅館・地図

第19課　2　p. 124

1. お兄さん・お姉さん　2. 春・秋　3. 姉・漢字・研究して　4. 冬・花　5. 手紙・様　6. 質問・多くて・不安　7. 工学・来年・卒業します　8. ゆうじん・おもいだします　9. たいせつ・おせわ　10. 兄・だいがくいん・冬休み

第20課　2　p. 126

1. 心・笑って・続けました　2. そと・両親・払って　3. 皿・一枚・両　4. 無理　5. 茶店・しゅじん・じだい・はなし　6. 絶対・止まらないで　7. 最近・痛くて・声　8. お茶・最悪　9. 家族・しごと・知りません　10. ひとり・歩いて　11. うれる・物

第21課　2　p. 128

1. 初めて・台風　2. 兄弟・犬・写真・送りました　3. 幸せ・信じて　4. 時計・遅れて　5. おや・若い　6. 若者・重い・びょうき・にゅういん　7. 妹・三台　8. しょくじ・遅かった　9. 弟・かよって・乗り遅れた　10. 初め・心配・経験

第22課　2　p. 130

1. 駅員・案内して　2. 黒い・東京駅・待って　3. 黒木・一番・小説　4. 一回・説明したら　5. 用事・かわりに・銀行　6. しんゆう・守れません　7. 残業・ふつかかん・日記　8. 週末・お守り・忘れて　9. 夕方・留守・残しました

第23課　2　p. 132

1. 顔文字・くち・感情・あらわします・いっぽう　2. 悲しそう・顔・答えました　3. 結果・変だ　4. 果物・違います・答え / 答　5. せかいじゅう・調べたい　6. 文化・違い・比べて　7. 相手・表情　8. 横・感動して　9. つかいかた・間違えて・怒られました　10. 調査・大変でした

ワークブック「聞く練習」スクリプト
き れんしゅう

第1課　p. 21
だい か

Ⓐ W01-A

1. ありがとうございます。
2. さようなら。
3. あっ、すみません。
4. おはよう。
5. おやすみなさい。
6. こんにちは。
7. はじめまして。よろしくおねがいします。
8. こんばんは。
9. ごちそうさま。
10. いってきます。
11. ただいま。

Ⓑ W01-B

Example:

乗客：すみません。今、何時ですか。
じょうきゃく　　　　　いま　なんじ
乗務員：今、六時です。
じょうむいん　いま　ろくじ
乗客：東京は、今何時ですか。
じょうきゃく　とうきょう　いまなんじ
乗務員：午前八時です。
じょうむいん　ごぜんはちじ

1.

乗客：すみません。今、パリは何時ですか。
じょうきゃく　　　　　いま　ぱり　なんじ
乗務員：今、午前四時です。
じょうむいん　いま　ごぜんよじ
乗客：ありがとうございます。
じょうきゃく
乗務員：いいえ。
じょうむいん

2.

乗客：すみません。今、何時ですか。
じょうきゃく　　　　　いま　なんじ
乗務員：今、七時です。
じょうむいん　いま　しちじ
乗客：ソウルは、今何時ですか。
じょうきゃく　そうる　いまなんじ
乗務員：午後九時です。
じょうむいん　ごごくじ

3.

乗客：すみません。ニューヨークは今何時ですか。
じょうきゃく　　　　にゅうよおく　いまなんじ
乗務員：午後一時です。
じょうむいん　ごごいちじ
乗客：ありがとう。
じょうきゃく

乗務員：いいえ。
じょうむいん

4.

乗客：すみません。ロンドンは今何時ですか。
じょうきゃく　　　　　ろんどん　いまなんじ
乗務員：七時半です。
じょうむいん　しちじはん
乗客：午前ですか、午後ですか。
じょうきゃく　ごぜん　　　　　ご
乗務員：午前です。
じょうむいん　ごぜん

5.

乗客：すみません。台北は今何時ですか。
じょうきゃく　　　　　たいぺい　いまなんじ
乗務員：午前十一時です。
じょうむいん　ごぜんじゅういちじ
乗客：ありがとうございます。
じょうきゃく
乗務員：いいえ。
じょうむいん

6.

乗客：すみません。シドニーは今何時ですか。
じょうきゃく　　　　　しどにい　いまなんじ
乗務員：三時半です。午後三時半です。
じょうむいん　さんじはん　　ごごさんじはん
乗客：ありがとうございます。
じょうきゃく
乗務員：いいえ。
じょうむいん

Ⓒ W01-C

Example:

田中：すみません。鈴木さんの電話番号は何番で
たなか　　　　　すずき　　　てんわばんごう　なんばん
すか。
交換：51-6751（ごいち ろくななごいち）です。
こうかん
田中：51-6751（ごいち ろくななごいち）ですね。
たなか
交換：はい、そうです。
こうかん

1.

田中：すみません。川崎さんの電話番号は何番で
たなか　　　　　かわさき　　　てんわばんごう　なんばん
すか。
交換：905-0877（きゅうぜろご ぜろはちなな な
こうかん
な）です。
田中：905-0877（きゅうぜろご ぜろはちなな な
たなか
な）ですね。
交換：はい、そうです。
こうかん

2.

田中：すみません。リーさんの電話番号は何番ですか。

交換：5934-1026（ごきゅうさんよん いちぜろにろく）です。

田中：5934-1026（ごきゅうさんよん いちぜろにろく）ですね。

交換：はい、そうです。

田中：どうもありがとう。

3.

田中：すみません。ウッズさんの電話番号は何番ですか。

交換：49-1509（よんきゅう いちごぜろきゅう）です。

田中：49-1509（よんきゅう いちごぜろきゅう）ですね。

交換：はい、そうです。

4.

田中：すみません。クマールさんの電話番号は何番ですか。

交換：6782-3333（ろくななはちに さんさんさんさん）です。

田中：6782-3333（ろくななはちに さんさんさんさん）ですね。

交換：はい、そうです。

Ⓓ W01-D

ケイト：あきらさんは学生ですか。

あきら：はい、日本大学の学生です。

ケイト：今、何年生ですか。

あきら：一年生です。

ケイト：専攻は何ですか。

あきら：ビジネスです。

あきら：ケイトさんは留学生ですか。

ケイト：はい、アメリカ大学の三年生です。

あきら：そうですか。専攻は何ですか。

ケイト：日本語です。

第2課 p. 31

Ⓐ W02-A

客A：すみません。ガムください。

店員：百円です。どうも。

客B：新聞ください。

店員：ええと、百五十円です。

客C：あのう、このかさはいくらですか。

店員：千円です。

客C：じゃあ、これください。

店員：どうも。

客B：すみません。コーラください。

店員：はい。百二十円です。

Ⓑ W02-B

メアリー：たけしさん、私の友だちのクリスティ・田中さんです。

クリスティ：はじめまして。クリスティです。

たけし：はじめまして。木村たけしです。あのう、クリスティさんはアメリカ人ですか。

クリスティ：いいえ、アメリカ人じゃないです。フランス人です。パリ大学の学生です。専攻は英語です。

たけし：そうですか。クリスティさんのお父さんは、日本人ですか。

クリスティ：はい。

たけし：お母さんはフランス人ですか。

クリスティ：はい、フランス人です。

Ⓒ W02-C

たけし：メアリーさん、このレストランの天ぷらはおいしいですよ。

メアリー：天ぷら？ 天ぷらはいくらですか。

たけし：えっと……千二百円ですね。

メアリー：千二百円。うーん……。あのう……すきやきは何ですか。

たけし：肉です。

メアリー：いいですね。ええと……すきやき……。えっ、三千円！ 高いですね。

たけし：そうですね。あのう……うどんは六百円です。

メアリー：じゃあ、私はうどん。

たけし：じゃあ、私も。

第3課　p. 39

Ⓐ W03-A

ソラ：メアリーさん、週末何をしますか。

メアリー：土曜日は京都へ行きます。

ソラ：京都？

メアリー：ええ、映画を見ます。ソラさんは？

ソラ：土曜日はうちで本を読みます。でも、日曜日に大阪へ行きます。レストランで晩ご飯を食べます。

メアリー：そうですか。私は日曜日は図書館で勉強します。

Ⓑ W03-B

リーダー：あしたのスケジュールです。あしたは六時に起きます。

生徒A：朝ご飯は何時ですか。

リーダー：七時半です。七時半に朝ご飯を食べます。

生徒B：朝は何をしますか。

リーダー：九時にテニスをします。十二時半に昼ご飯を食べます。

生徒A：午後は何をしますか。

リーダー：一時半に勉強します。三時にヨガをします。六時に晩ご飯を食べます。

生徒B：あしたも映画を見ますか。

リーダー：はい。七時半に映画を見ます。日本の映画ですよ。

生徒A：何時に寝ますか。

リーダー：十一時半に寝ます。じゃあ、おやすみなさい。

Ⓒ W03-C

友だち：ソラさんはよく勉強しますか。

ソラ：ええ。毎日、日本語を勉強します。よく図書館に行きます。図書館で本を読みます。

友だち：週末は何をしますか。

ソラ：そうですね。よく友だちと映画を見ます。

友だち：日本の映画ですか。

ソラ：いいえ、アメリカの映画をよく見ます。日本の映画はあまり見ません。それから、ときどきテニスをします。

友だち：毎日、朝ご飯を食べますか。

ソラ：いいえ、食べません。でもときどきコーヒーを飲みます。

Ⓓ W03-D

友だち：メアリーさん、カフェでコーヒーを飲みませんか。

メアリー：うーん、ちょっと……。私、家に帰ります。

友だち：えっ、家に帰る？ 今、八時ですよ。早いですよ。

メアリー：でも……今晩、勉強します。

友だち：日本語ですか。

メアリー：ええ。日本語。本を読みます。

友だち：そうですか……。じゃあ、メアリーさん、カフェで日本語を話しませんか。

メアリー：すみません。おやすみなさい。

友だち：あ、メアリーさん、お願いします。あした、学校で昼ご飯を食べませんか。

メアリー：いいえ。私、あした、学校に行きません。さようなら。

友だち：あ、メアリーさ〜ん……。

第4課　p. 49

Ⓐ W04-A

これは、金曜日のパーティーの写真です。

私の右はお母さんです。私の左はお父さんです。

お母さんのとなりはマイクさんです。マイクさんはオーストラリア人です。

マイクさんの後ろはりかさんです。りかさんはマイクさんの友だちです。

私の後ろは、たけしさんです。たけしさんはさくら大学の学生です。

たけしさんの左は、けんさんです。

Ⓑ W04-B

メアリー：お父さんは今日、何をしましたか。

ホストファミリーのお父さん：うちでテレビを見ましたよ。

メアリー：一人で？

お父さん：ええ、お母さんは友だちと買い物に行きました。

メアリー：そうですか。お父さん、あしたは何をしますか。

お父さん：うーん……。

メアリー：じゃあ、テニスをしませんか。

お父さん：ああ、いいですね。

Ⓒ W04-C

先生：みなさん、おはようございます。

学生全員：おはようございます。

先生：今日は何月何日ですか。ロバートさん。

ロバート：えーっと、九月十三日です。

先生：十三日ですか。

ロバート：あっ、十四日です。

先生：そうですね。何曜日ですか。ソラさん。

ソラ：月曜日です。

先生：そうですね。週末はどうでしたか。何をしましたか。ソラさん。

ソラ：友だちに会いました。友だちとカラオケへ行きました。勉強もしました。

先生：そうですか。メアリーさんは何をしましたか。

メアリー：うちで本を読みました。それから、たくさん勉強しました。

先生：そうですか。いい学生ですね。ロバートさんは？

ロバート：東京に行きました。東京でたくさん写真を撮りました。買い物もしました。

先生：そうですか。勉強もしましたか。

ロバート：いいえ、ぜんぜんしませんでした。

先生：今日は、テストがありますよ。

ロバート：えっ、テストですか!?

第5課 p.58

Ⓐ W05-A

不動産屋：この家はどうですか。

客：新しい家ですか。

不：いいえ、ちょっと古いです。でも、きれいですよ。

客：静かですか。

不：ええ、とても静かです。

客：部屋は大きいですか。

不：あまり大きくないです。でも、部屋はたくさんありますよ。

客：いくらですか。

不：一か月九万四千円です。

客：えっ。高いですね。

不：高くないですよ。安いですよ。

Ⓑ W05-B

司会者：こんにちは。お名前は？

鈴木：鈴木ゆうこです。

司会者：鈴木さんですね。お名前をお願いします。

吉田：吉田です。

川口：川口です。

中山：中山です。

司会者：吉田さんはどんな人が好きですか。

吉田：私はやさしい人が好きです。

司会者：川口さんは？

川口：ぼくはおもしろい人が好きです。

司会者：中山さんは？

中山：静かな人が好きですね。

司会者：鈴木さん、じゃあ、聞いてください。

鈴木：はい。休みには何をしますか。

司会者：吉田さんは休みに何をしますか。

吉田：テニスをします。

司会者：川口さんは？

川口：ぼくは友だちと一緒にご飯を食べます。

司会者：中山さんは？

中山：私は家でテレビを見ます。

司会者：そうですか。では鈴木さん、どの人がいいですか。

鈴木：吉田さんです。

司会者：吉田さん、おめでとうございます！

Ⓒ W05-C

インタビュアー：メアリーさんは音楽が好きですか。

メアリー：ええ、好きです。

イ：どんな音楽が好きですか。

メ：そうですね。Ｊポップが好きです。うちでよく聞きます。

イ：ロックも好きですか。

メ：いいえ、ロックはあまり好きじゃないです。

イ：そうですか。クラシックは？

メ：きらいです。クラシックはわかりません。

イ：週末何をしますか。

メ：そうですね。よく映画を見ます。

イ：どんな映画ですか。

メ：うーん。アニメが好きです。先週「コナン」を見ました。とてもおもしろかったです。

インタビュアー：たけしさんはどんな音楽が好きですか。

たけし：ロックが大好きです。よくロックを聞きます。

イ：そうですか。Ｊポップは？

た：あまり聞きません。あまり好きじゃないです。

イ：クラシック音楽は好きですか。

た：ええ、好きです。ときどきコンサートへ行きます。

イ：そうですか。映画はどうですか。

た：好きです。アニメとホラー映画が大好きです。

第6課 p. 68

Ⓐ W06-A

ユースの人：朝ご飯は七時半からです。七時半にここに来てください。昼ご飯はありません。

客1：すみません。部屋でたばこを吸ってはいけませんか。

ユースの人：はい。たばこは外で吸ってください。

客2：朝、シャワーを使ってもいいですか。

ユースの人：はい、どうぞ。使ってください。それから、となりの部屋にコインランドリーがあります。使ってください。

Ⓑ W06-B

ロバート：「OK, My Room」。カーテンを開けてください。トイレの電気を消してください。

部屋：はい、了解しました。

ロバート：テレビをつけてください。

部屋：はい、了解しました。

ロバート：それから、あしたのライブのチケットを買ってください。

部屋：わかりました。このチケットですね。

ロバート：そうです。あっ、今のロンドンの時間を教えてください。

部屋：今ロンドンは十二時です。

ロバート：お母さんに電話してください。

Ⓒ W06-C

たけし：ゆいさん、ピクニックに行きませんか。

ゆい：いいですね。いつですか。

たけし：今週の土曜日はどうですか。

ゆい：ああ、土曜日はアルバイトがありますから、ちょっと……。でも、日曜日はいいですよ。ソラさんは？

ソラ：私も土曜日はちょっと……。友だちが来ますから。ロバートさんはどうですか。

ロバート：土曜日はいいですよ。でも日曜日はうちで勉強します。月曜日にテストがありますから。

たけし：じゃあ、来週行きましょうか。

みんな：そうですね。

第7課 p. 77

Ⓐ W07-A

警察：ロバートさん、あなたはきのうの夜十一時ごろ何をしていましたか。

ロバート：ぼくは、部屋で宿題をしていました。

警察：一人で？

ロバート：いいえ、ソラさんと。

警察：ほかの学生は何をしていましたか。

ロバート：たけしさんとけんさんは、たけしさんの部屋で音楽を聞いていました。それから、ゆいさんは、シャワーを浴びていました。

警察：じゃあ、トムさんは？

ロバート：トムさん？ さあ……。

警察：どうもありがとう。トムさんはどこですか。

Ⓑ W07-B

みなさん、こんにちは。レポーターの鈴木です。わあ、スターがたくさん来ていますね。

あっ、宇野だいきさんが来ました。Tシャツを着て、ジーンズをはいています。背が高くて、かっこいいですね。

そして、野口えりかさんです。きれいなドレスを着ています。帽子もかぶっています。かわいいですね。

そして……あっ、松本かなさんです。今日はめがねをかけています。髪が長くて、いつもセクシーですね。新しいボーイフレンドと来ました。髪が短くて、ちょっと太っていますね。

Ⓒ W07-C

メアリー：すみません。ちょっといいですか。

田中：はい。

メアリー：あのう、お名前は。

田中：田中です。

メアリー：今日はここに何をしに来ましたか。

田中：今日ですか。友だちの誕生日のプレゼントを買いに来ました。

メアリー：何を買いますか。

田中：ゲームを買います。

メアリー：そうですか。どうもありがとうございました。

メアリー：すみません。お名前は。

佐藤：佐藤です。

メアリー：今日は何をしに来ましたか。

佐藤：遊びに来ました。カラオケで歌います。

メアリー：そうですか。ありがとうございました。

メアリー：すみません。お名前は。

鈴木：鈴木です。

メアリー：今日は何をしに来ましたか。

鈴木：妹に会いに来ました。妹はこのデパートで働いていますから。

メアリー：そうですか。ありがとうございました。

第8課 p. 86

Ⓐ W08-A

1. 見ないでください。
2. ここで写真を撮らないでください。
3. 行かないでください。
4. 消さないでください。
5. 捨てないでください。
6. ここでたばこを吸わないでください。
7. となりの人と話さないでください。

Ⓑ W08-B

ロバート：けん、日曜日ひま？

けん：うん。ひまだよ。

ロバート：一緒にゲームしない？

けん：うん。いいね。いつする？

ロバート：四時半は？

けん：いいよ。たけしもすると思う？

ロバート：ううん。たけしはアルバイトがあると言っていた。

けん：トムは来る？

ロバート：うん。トムは大丈夫だと思う。日曜日は忙しくないと言っていたから。

けん：じゃあ、三人だね。

Ⓒ W08-C

みなさん、私は本間先生にインタビューしました。

本間先生は、週末よくテニスをすると言っていました。テレビでスポーツを見るのも好きだと言っていました。ぜんぜんデートをしないと言っていました。ときどき料理をしますが、あまり上手じゃないと言いました。

日本語のクラスは、にぎやかでとてもおもしろ

いクラスだと言っていました。でも、学生はあまり勉強しないと言っていました。だから、大変だと言っていました。

第9課 p. 95

Ⓐ W09-A

けん：ゆいさん、遅くなってごめんなさい。待った？

ゆい：うん。十分ぐらいね。

けん：もう、晩ご飯食べた？

ゆい：ううん、まだ食べていない。

けん：じゃあ、何か食べる？

ゆい：うん。

けん：何がいい？ イタリア、フランス、中国料理……。

ゆい：うーん、そうね、ピザは？

けん：いいね。おいしいレストラン知っているから、そこへ行く？

ゆい：うん。それはどこ？

けん：あそこ。あのホテルの中だよ。

Ⓑ W09-B

じゅん：先週のパーティーの写真です。

ロバート：ケーキを食べている人がじゅんさんですね。

じゅん：ええ。

ロバート：ワインを飲んでいる人はだれですか。

じゅん：ぼくの友だちです。

ロバート：きれいな人ですね。この歌を歌っている女の人もきれいですね。

じゅん：ああ、ぼくの妹ですよ。そのとなりが弟です。

ロバート：この踊っている人はだれですか。

じゅん：姉と友だちのマイケルです。

ロバート：そうですか。この後ろのソファで寝ている男の人は？

じゅん：父です。犬のポチも寝ています。

ロバート：じゃあ、お母さんは？

じゅん：母はいません。写真を撮っていましたから。

Ⓒ W09-C

客A：コーヒーを五つください。

店員：はい、六百円です。

客B：オレンジを三つください。

店員：はい、百八十円です。

客C：おにぎりを九つお願いします。

店員：九つ……えっと、千八十円です。

客D：お茶は一ついくらですか。

店員：一つ百二十円です。

客D：じゃあ、八つください。

店員：はい、どうぞ。

客E：お弁当七つください。

店員：はい、一つ千二百円です。

第10課 p. 103

Ⓐ W10-A

ロバート：メアリーさん、冬休みに何をしますか。

メアリー：北海道に行くと思います。北海道で動物園に行きます。それから、すしをたくさん食べます。一週間ぐらい北海道にいるつもりです。ロバートさんは？

ロバート：ロンドンのうちに帰るつもりです。ロンドンで友だちに会うと思います。12月22日から1月23日までロンドンにいます。たけしさんは何をするつもりですか。

たけし：ぼくはお金がないから、どこにも行きません。アルバイトも休みだから、ひまだと思います。つまらないです。ソラさんは？

ソラ：私もメアリーさんと一緒に北海道へ行きます。私は二週間ぐらい北海道にいるつもりです。一週間はメアリーさんと旅行します。その後、韓国から家族が来るから、家族とスキーをします。

Ⓑ W10-B

アニタ：三つの大学の中でどれがいちばん大きいですか。

教師：はなおか大学がいちばん大きいです。そしていちばん有名ですね。さくら大学もしま

大学もあまり大きくないですね。

アニタ：じゃあ、学費はどうですか。

教師：はなおかは一年八十万円ぐらい、つしまは百五十万円ぐらい、さくらは七十万円ぐらいです。

アニタ：さくらがいちばん安いですね。……さくらとはなおかとどちらのほうがここから近いですか。

教師：さくらもはなおかも、電車とバスで二時間ぐらいかかります。つしまがいちばん近いですね。バスで三十分ぐらいですから。

アニタ：じゃあ、日本語のクラスはどうですか。

教師：さくらとつしまには日本語のクラスがありますが、はなおかにはありません。

アニタ：残念ですね。私は大学で日本語を勉強するつもりですから……。さくらとつしまとどちらの日本語のクラスがいいですか。

教師：つしまのほうがいいと思います。つしまの日本語の先生はとても有名ですから。

アニタ：そうですか。……先生、ありがとうございました。

Ⓒ W10-C

質問：

1. 冬休みにどこかへ行きましたか。

2. 一人で行きましたか。

3. どうやって行きましたか。

4. いつからいつまで東京にいましたか。

5. 東京で何をしましたか。

第11課　p. 110

Ⓐ W11-A

けん：りょうたさん、休みはどうでしたか。

りょうた：よかったですよ。長野で毎日スキーをしたり、雪の中で温泉に入ったりしました。次の休みも長野に行って、山に登るつもりです。

けん：かなさんは？

かな：私は友だちとオーストラリアに行きました。

りょうた：えっ、オーストラリアですか？いいなあ。ぼくは行ったことがありませんが、友だちはオーストラリアでスキーをしたと言っていました。

かな：オーストラリアは今、夏だからスキーはしませんでしたけど。友だちがオーストラリアに住んでいるので、会いに行きました。ビーチを散歩したり、買い物をしたりして楽しかったです。でも、今度の休みはアルバイトをします。もうお金がありませんから。けんさんは？休みはどうでしたか。

けん：つまらなかったですよ。どこにも行きませんでした。うちでごろごろしていました。

かな：そうですか。

けん：でも、今度の休みは、友だちと山にキャンプに行ったり、ドライブに行ったりするつもりです。

Ⓑ W11-B

Dialogue 1.

女：ああ、おなかすいた。

男1：うん。何か食べに行く？

女／男2：うん。

男1：何が食べたい？

女：私、ピザ。

男1：きのう食べた。

男2：すし。

男1：お金がない。

女：じゃあ、何？何が食べたい？

男1：ぼくのうちに来る？パスタ作るよ。

女／男2：いいね。

Dialogue 2.

女1：東京で何がしたい？

女2：美術館に行ったりかぶきを見たりしたい。どう思う？

女1：うん。私は買い物がしたい。家族におみやげを買いたいから。それから動物園に行きたい。かわいいパンダがいるから。

女2：じゃあ、今日は美術館に行って、かぶき
を見る？あしたは動物園。

女1：うん。いいよ。あっ、でも今日は月曜日
だから、美術館は休みだと思う。

女2：そうか。じゃあ、今日の午後、買い物を
したりして、夜はかぶき。

女1：そうだね。あしたは美術館と動物園ね。

Ⓒ W11-C

先生：メアリーさんは、子供の時、何になりたか
ったですか。

メアリー：私は、社長になりたかったです。今
もなりたいです。

先生：そうですか。じゃあ、トムさんは？

トム：ぼくは、歌手になりたかったです。今はお
金持ちになりたいです。だからお金持ちと結婚
したいです。あのう、先生は子供の時から先生
になりたかったですか。

先生：実は、あまりなりたくなかったです。

メアリー：じゃあ、何になりたかったですか。

先生：別に、何も……

トム：じゃあ、どうして先生になりましたか。

先生：よくわかりません。ときどきやめたいと思
いますが……

メアリー／トム：えっ！

第12課 p. 118

Ⓐ W12-A

1.

医者：どこが悪いんですか。

患者A：のどが痛くて、夜せきが出るんです。熱
もあると思います。

医者：そうですか。少し熱がありますね。おなか
はどうですか。

患者A：大丈夫です。

医者：かぜですから、家でゆっくり休んだほうが
いいですね。

患者A：はい、わかりました。ありがとうござい
ました。

2.

患者B：きのうの夜からおなかが痛いんです。

医者：熱はどうですか。

患者B：熱はないと思いますけど。

医者：そうですか。口を開けてください。はい、
もっと開けて……のどは大丈夫ですね。

患者B：でもすごくおなかが痛くて……。

医者：きのう、何か食べましたか。

患者B：晩ご飯は食べませんでした。昼ご飯に、
天ぷらと、さしみと、うどんを食べましたけど。
さしみが悪かったんでしょうか。

医者：いえ、食べすぎたんですね。どこも悪くな
いですよ。

患者B：そうですか。

医者：あまり食べすぎないほうがいいですよ。お
大事に。

3.

医者：どうしましたか。

患者C：頭が痛いんです。それにおなかも痛くて。

医者：熱を測りましょう。うーん。熱もあります
ね。ちょっと高いですね。せきは出ますか。

患者C：いいえ、出ません。

医者：のどは。

患者C：痛くないです。大丈夫でしょうか。

医者：大丈夫だと思いますが、大きい病院に行
ったほうがいいですね。

患者C：ええ？

Ⓑ W12-B

女：高橋さん、今晩一緒に飲みに行きませんか？

男：すみません。今日は子供の誕生日なので、
早く帰らなきゃいけないんです。

女：そうですか。プレゼントは、もう買ったん
ですか。

男：いいえ。忙しかったから。

女：何か買って帰ったほうがいいですよ。

男：そうですね。じゃあ、そうします。

Ⓒ W12-C

A：ルームメイトは日本人でしょうか。

B：まだわかりません。日本人のほうがいいですか。

A：はい。いつも日本語を話したいから、日本人のほうがいいんですが。

B：そうですか。

A：寮は大学の近くでしょうか。

B：えっと、歩いて三十分ぐらいです。自転車を買ったほうがいいですよ。

A：わかりました。それから、寮の部屋にお風呂があるでしょうか。

B：いいえ、ありません。でも、部屋にシャワーがあります。

A：夜遅く使ってもいいですか。

B：大丈夫ですよ。

第13課　p. 20

Ⓐ W13-A

1.

人事：お名前をお願いします。

応募者1：中山かなです。

人事：中山さんは英語が話せますか。

応1：はい、一年アメリカで勉強していましたから。

人事：そうですか。車の運転ができますか。

応1：いいえ。バイクなら乗れますが、車は運転できません。

人事：そうですか。運転できないんですね。一週間に何日来られますか。

応1：三日です。

人事：何曜日ですか。

応1：月曜日と水曜日と土曜日は大丈夫です。

人事：はい、わかりました。ありがとうございました。

2.

人事：村野だいきさんですね。

応募者2：はい、そうです。

人事：外国語は何かできますか。

応2：はい、大学で中国語を勉強したので、少し。

人事：じゃあ、中国語で電話できますか。

応2：いえ、中国語は読めるんですが、あまり話せないんです。

人事：まあ、日本人なら漢字が読めますからね。はっはっは。

応2：……

人事：車の運転はどうですか。

応2：はい、大丈夫です。

人事：何曜日に来られますか。

応2：土曜日と日曜日なら来られます。

Ⓑ W13-B

けん：ねえ、ゆいさん。あしたひま？

ゆい：うん。ひまだけど。どうして？

けん：あした、アルバイトがあるんだ。でも妹が来るから、うちにいなきゃいけないんだ。ぼく行けないから、アルバイトに行って。一日だけ。

ゆい：えーっ、どんなアルバイト？

けん：英語の先生。

ゆい：私、英語を教えたことがないし、できない。

けん：大丈夫だよ。ぼくより英語が上手だし、ゆいさんならできるよ。

ゆい：ごめん。ロバートさんに聞いてみて。

けん：ロバート、お願いがあるんだ。

ロバート：何？

けん：あした、アルバイトがあるんだ。でも妹が来るから行けないんだ。だから、あしたのアルバイト……

ロバート：あした？　あしたはレポートを書かなきゃいけないし、友だちと約束があるし……。

けん：一回だけ。

ロバート：ごめん、ぼくはできないよ。でも友だちのナオミならできると思う。英語が教えてみたいと言っていたから。電話してみるよ。

けん：ありがとう。

© W13-C

1.

男：この時計きれいですね。スイスの時計ですよ。

女：本当ですね。でも、高そうですね。いくらですか。

男：ええ……、ちょっと待ってください。二十五万八千円です。

女：ああ、高すぎて、買えませんよ。

2.

男：これは暖かそうなセーターですね。

女：ええ。あまり高くないし、色もきれいですね。

男：そうですね。もうすぐ父の誕生日だから、父に買いたいと思うんですが……。

女：いいですね。

男：じゃあ、父のプレゼントはこれに決めました。

3.

男：このフィットネスマシンはどうですか。

女：便利そうですね。

男：ええ、このマシンなら、うちで運動できますよ。

女：このごろ運動していないから、太ったんですよ。

男：二万八千円です。スポーツクラブより安いですよ。

女：そうですね。じゃあ、これ買います。

第14課 p. 27

Ⓐ W14-A

田中：鈴木さん、今晩コンサートに行くんですか。

鈴木：いいえ。森さんはかぜをひいて行けないから、私にチケットをくれたんです。でも、私も忙しくて、時間がないかもしれないから、友だちにあげました。

田中：吉田さん、コンサートに行くんですか。

吉田：いえ、鈴木さんがチケットをくれたんですが、私は、今晩早く帰らなきゃいけないから……田中さん、どうですか。もらってください。

田中：ありがとう。今日早く仕事が終わったから行けると思います。でも、そのチケット、実は私がきのう森さんにあげたんですよ。

Ⓑ W14-B

1.

留学生A：ゆきさん、髪を切ったんですか。似合いますよ。

ゆき：ありがとう。

留学生A：私も髪を切りたいんですが、いい所を知っていますか。

ゆき：大学の近くにありますよ。

留学生A：そこには、英語が話せる人がいますか。

ゆき：いないと思います。

留学生A：じゃあ、だめですね。

ゆき：バス停の前の美容院に行ったらどうですか。英語がわかる人がいますから。

留学生A：じゃあ、そこに行ってみます。どうもありがとう。

2.

留学生B：日本語をもっと話したいんです。いつも留学生の友だちと英語を話しているから、ぜんぜん上手にならないんです。

ゆき：ホームステイをしたら、どうですか。

留学生B：でも、ぼくは肉や魚を食べないから、ちょっと難しいと思うんです。

ゆき：そうですか。じゃあ、何かサークルに入ったらどうですか。

留学生B：サークルねえ。いいかもしれませんね。もっと運動したいと思っていたんです。どうもありがとう。

3.

ゆき：もうすぐクリスマスですねえ。

留学生C：ええ。ホストファミリーの子供たちに何かあげたいんですが、何がいいと思いますか。

ゆき：子供たちは何歳ですか。

留学生C：えーっと、五歳から十一歳です。全部で七人です。

ゆき：ええっ、七人もいるんですか。

留学生Ｃ：ええ、あまりお金がないんですが、何かあげたいんです。

ゆき：うーん、難しいですね。あ、一緒にケーキを作ったらどうですか。一緒に作るのは楽しいし、みんなで食べられるし。

留学生Ｃ：それは、いいですね。

Ⓒ W14-C

ゆい：一郎、誕生日に何がほしい？

弟：自転車がほしいなあ。

ゆい：自転車？ 自転車は高すぎるよ。

弟：じゃあ、時計。

ゆい：時計なら持っているでしょ。

弟：一個しか持っていないよ。もっといい時計がほしいんだ。

ゆい：うーん。Ｔシャツは？

弟：ほしくない。服には興味ないよ。

ゆい：本は？

弟：本もほしくないよ。でも、まんがならほしいな。

ゆい：じゃあ、まんがを一冊あげるね。

弟：一冊しかくれないの？ けちだなあ。

第15課 p. 34

Ⓐ W15-A

これはおじいさんが若い時、使っていたラジオ。古いけど使えるよ。

妹が編んだマフラー。ぼくの妹はいろいろ作るのが好きだから、よくくれるんだ。

これはぼくの彼女と京都で撮った写真。その時にお寺で買った着物があそこにある。すごく安かったんだ。

これは両親がくれたぬいぐるみ。子供の時、よく遊んだ。

えーと、これは先生に借りた歴史の本。あした返さなきゃいけない。

Ⓑ W15-B

メアリー：ねえ、ソラさん、今度の休みに何をするの。

ソラ：まだ、わからない。もうすぐ試験があるし、宿題もしなきゃいけないし、うちで勉強しようと思っているんだ。

メアリー：ええ？ だめだよ。一週間も休みがあるんだよ。

ソラ：うん。

メアリー：広島に行ったことがある？

ソラ：ううん。まだ行ったことがない。

メアリー：今度の休みに広島に行こうよ。広島は食べ物もおいしいし、平和公園にも行きたいし。

ソラ：そうだね。行こうか。

メアリー：じゃあ、私、本で広島について調べておく。それから、お父さんが安い旅館を知っていると言ってたから、お父さんに聞いておく。

ソラ：私は宿題をしておかなきゃ。

Ⓒ W15-C

みなさん、さくら大学を知っていますか。さくら大学は、大きくてとてもきれいな大学です。大学には、夜十時まで泳げるプールや、一日中勉強できる図書館があります。

大学の近くにショッピングモールがあるので、とても便利です。ショッピングモールには、いろいろな国の料理が食べられるレストランや、二十四時間買い物ができるスーパーや、おいしいコーヒーが飲める喫茶店があります。

この大学の日本語のクラスはとても有名です。日本語を勉強している留学生がたくさんいます。どうですか。みなさんも一緒にここで勉強しませんか。じゃあ、みなさん、さくら大学で会いましょう。

第16課 p. 43

Ⓐ W16-A

太郎：花子さん、好きだよ。

花子：うれしい。太郎さん。私も太郎さんが好きよ。

太郎：早く花子さんと結婚したい。ぼくが毎日おいしい朝ご飯を作ってあげるよ。

花子：朝起きた時、ベッドでコーヒーが飲みたい。

太郎：じゃあ、毎朝コーヒーで花子さんを起こしてあげるよ。

花子：ありがとう。あのう、太郎さん。

太郎：どうしたの。

花子：私、掃除があまり好きじゃないの。

太郎：心配しないで。ぼくがしてあげるから。

花子：本当？ じゃあ、私、買い物する。時々買いすぎるけど、買い物ならできると思う。

太郎：あのう、花子さん、ぼくのシャツにアイロンをかけてくれる？ 会社で、花子さんがアイロンをかけてくれたシャツを着たいんだ。

花子：ええ、いいけど……洗濯はしてね。

太郎：うん。

Ⓑ W16-B

さくら大学のみなさん、こんにちは。ゆかです。部屋が汚くて、すみません。私の後ろをあまり見ないでください。

私は今、南オハイオ大学に留学しています。アメリカに来た時は英語がわからなかったから、大変でした。でも今は毎日とても楽しいです。ホストファミリーのお父さんとお母さんは、とても親切です。私は英語が下手なので、いつもゆっくり話してくれます。

ホストファミリーには子供が二人います。名前はジョンとサラです。ジョンはよく私をパーティーに連れていってくれたり、友だちを紹介してくれたりします。ジョンは大学で日本語を勉強しているので、私はよく宿題を手伝ってあげます。サラはよく私に服を貸してくれます。私は日本の歌を教えてあげます。

ジョンとサラが日本の大学生と話してみたいと言っているので、興味がある人はビデオチャットに参加してくれませんか。よろしくお願いします。じゃあ、お元気で。

Ⓒ W16-C

レポーター：りえさん、お誕生日おめでとうございます。はたちになって、何をしてみたいですか。

りえ：そうですね。今年は中国でコンサートができるといいですね。

レポ：中国でも、りえさんの歌はとても人気があるんですよね。

りえ：ありがとうございます。

レポ：でも、忙しくて大変ですね。

りえ：ええ、もっと休みが取れるといいんですが。実は先月は休みが三日しかなかったんです。

レポ：そうですか……。あのう、りえさんは、歌手の西城さんと付き合っていますが、結婚する予定は？

りえ：西城さんとは、今はいい友だちです。私も彼も若いし、今はもっと仕事をしたいし。

レポ：そうですか。それは、私たちにはいいニュースですね。これからもがんばってください。

りえ：どうもありがとうございます。

第17課 p. 50

Ⓐ W17-A

男1：山本さん、会社をやめるそうですよ。

男2：えっ、本当ですか。最近、ずいぶん疲れているみたいですからね。

男1：ええ、毎日夜遅くまで残業していたみたいですよ。この会社は給料はいいけど、残業が多すぎますよ。

男2：山本さん、これからどうするんですか。

男1：今、新しい仕事を探しているみたいですよ。奥さんとも離婚するそうですよ。

男2：やっぱり。忙しすぎて家にあまりいられないんでしょうね。

男1：私たちも、結婚する前に新しい仕事を探したほうがいいかもしれませんね。

Ⓑ W17-B

女：急ぎましょうか。

男：急がなくてもいいですよ。一時間ありますから。出かける前に、田中さんに電話しておかなきゃいけませんね。

女：そうですね。傘を持っていきますか。

男：持っていかなくてもいいと思います。今日は、雨が降らないそうです。

女：何か買っていったほうがいいですね。

男：じゃあ、バスを降りてから、ケーキと花を買いましょう。

Ⓒ W17-C

たけし：メアリー、ソラさんに電話した？

メアリー：うん、ソラさん、土曜日は約束があるからだめだけど、日曜日なら大丈夫だって。

たけし：よかった。じゃあ、日曜日にみんなで神戸に行けるね。メアリーは神戸で何がしたい？

メアリー：私、おいしいものが食べたい。神戸にはいろいろな国のレストランがあるし。ソラさんは買い物がしたいって。たけしくんは何がしたい？

たけし：ぼくは六甲山に行きたい。六甲山からきれいな海が見えるそうだよ。

メアリー：じゃあ、いい天気だったら六甲山に登ろうよ。

たけし：うん。雨が降ったら、町で買い物をしたり、おいしいものを食べたりしよう。

第18課 p.59

Ⓐ W18-A

娘：ただいま。お母さん、晩ご飯ある？

母：えっ？ ないよ。今日、友だちと晩ご飯を食べに行くって言っていたでしょう。

娘：うん。でも、店が開いていなかったから、食べられなかったの。じゃあ、カップラーメンある？

母：お父さんが食べちゃったよ。

娘：えーっ、じゃあ、私が買ったケーキは？

母：何言ってるの。きのうみんなで食べちゃったでしょう。

娘：うーん……。じゃあ、田中さんにもらったクッキーは？

母：あれはとなりの子供にあげちゃったよ。

娘：えーっ？……あ～あ、家に帰る前にコンビニで食べる物買えばよかった。

Ⓑ W18-B

コンピューター会社の人：はい、こちらカスタマーサービスです。

山下先生：すみません。コンピューターが壊れてしまったんです。

コンピュ：どこが壊れたんですか。

山下先生：わかりません。

コンピュ：困りましたね。コンピューターの右に赤いライトがありますね。電気がついていますか。

山下先生：いいえ、ついていません。

コンピュ：そうですか。スクリーンは？

山下先生：消えています。

コンピュ：壊れていますね。

山下先生：ええ、だから電話しているんです。あしたまでに宿題を作らなきゃいけないんです。困ったなあ。

コンピュ：あのう、スイッチは押しましたか？

山下先生：スイッチ？ あっ、押していませんでした。つきました。

Ⓒ W18-C

森：田中さん、今学校に行っているそうですね。

田中：ええ。仕事が終わってから、英語の学校に行っているんですよ。

森：働きながら勉強するのは、大変でしょう。どうして英語を勉強しようと思ったんですか。

田中：去年、ロンドンに行ったんですが……。そこで英語ができなくて、飛行機に乗り遅れてしまったんですよ。

森：それは大変でしたね。

田中：「イクスキューズミー。アイハフトテイク、フライト521」って言ったんだけど、わかってくれなかったんです。

森：上手ですよ。

田中：はっはっは……。学生の時にもっと勉強しておけばよかったですよ。四十歳になると、単語が覚えられないんですよ。

第19課 p. 67

Ⓐ W19-A

レポーター：今日は、ベストセラーをお書きになった山田真理子先生に、いろいろお話を聞きたいと思います。……山田先生は、今、東京に住んでいらっしゃるんですか。

山田：いいえ、大学の時から十五年東京に住んでいたんですけど、おととし引っ越して、今は静岡に住んでいます。静岡は海に近いし、食べ物もおいしいし、気に入っています。

レポ：そうですか。先生は毎日、何をなさるんですか。

山田：そうですね。朝はたいてい仕事をします。午後は散歩しながら、いろいろ考えます。夜は早く寝るんです。

レポ：何時ごろお休みになるんですか。

山田：そうですね。九時ごろですね。

レポ：ずいぶん早いですね。テレビはあまりご覧にならないんですか。

山田：ええ、あまり。東京にいた時はよく映画を見たんですが、このごろはぜんぜん見ません。

レポ：東京にはよくいらっしゃいますか。

山田：仕事があるので、一か月に二回ぐらい行きます。東京に行くと、静岡に引っ越してよかったと思いますよ。

レポ：そうですか。今日はどうもありがとうございました。

Ⓑ W19-B

1. 京都行き電車、ドアが閉まります。ご注意ください。
2. 二名様ですね。メニューをどうぞ。ご注文がお決まりになりましたら、お呼びください。
3. 男：今週の土曜日に旅館の予約をお願いしたいんですが。

   女：今週の土曜日ですね。お待ちください。
4. 何もありませんが。どうぞお召し上がりください。
5. 女：中国にお金を送りたいんですが。

男：はい。お名前とご住所、電話番号をここにお書きください。

Ⓒ W19-C

アベベ王子がきのうこの町にいらっしゃいました。高校の時、王子はこの町の学校に留学していらっしゃいました。

きのうの朝、王子は十時に駅にお着きになりました。その後、高校へいらっしゃって、高校生とお話をなさいました。十二時半から一緒に昼ご飯を召し上がりました。その後、高校生の歌をお聞きになったり、空手の練習をご覧になったりしました。

二時ごろ、高校の時のホストファミリーにお会いになりました。そして、五時の新幹線で東京へお帰りになりました。

王子は「日本での時間が短くて残念だ。でも、この町に来られてよかった」とおっしゃっていました。今日の夕方、国へお帰りになります。

第20課 p. 78

Ⓐ W20-A

ガイド：おはようございます。私、ガイドの田村と申します。今日は京都のお寺をご案内いたします。まず、清水寺に参ります。

客A：ガイドさん、すみません。あのう、トイレに行きたいんですが。

ガイド：お手洗いですか？ このバスにはございませんので、申し訳ありませんが、少し待っていただけますか。五分ぐらいで清水寺に着きますので。

客A：はい。

ガイド：その後、南禅寺に参ります。南禅寺をご覧になった後、「みやび」というレストランで昼ご飯にいたします。

客B：ガイドさん、昼ご飯は何を食べるんですか。

ガイド：魚料理でございます。その後、金閣寺に参ります。金閣寺で写真をお撮りして、後で皆さんにさしあげます。

客 C：あのう、すみません、何時ごろ京都駅に戻るんでしょうか。

ガイド：はい。金閣寺の後、竜安寺に行って、四時ごろ戻る予定でございます。

Ⓑ W20-B

先生：みなさん、おはようございます。

ジョン：先生、遅くなってすみません。

先生：ジョンさん、どうしたんですか。

ジョン：携帯を持たないで、家を出てしまったんです。だから、また家に帰らなきゃいけなかったんです。

先生：それは大変でしたね。あれ、ロバートさんがいませんね。どうしたんでしょう。

メアリー：ロバートさん、今レポートを書いていると思います。きのうレポートを書かないで寝てしまったと言っていましたから。今日が締め切りなんです。

先生：そうですか。もっと早くやればよかったですね。あれっ、ソラさん、元気がありませんね。どうしたんですか。

ソラ：実は、自転車がないんです。かぎをかけなかったんです。

先生：そうですか。それは困りましたね。…じゃあ、授業を始めましょうか。あれ？ みなさん、ちょっと待ってください。教科書を持たないで来てしまいました。

Ⓒ W20-C

女：ねえねえ、野村さんという人と同じサークルだよね？

男：うん。テニスサークルで一緒だよ。

女：どんな人？

男：話しやすいし、性格もいいよ。

女：そう。どこに住んでいるの？

男：どこに住んでいるか知らないけど、大学の近くだと思うよ。自転車で大学に来ているみたいだから。

女：彼女はいる？

男：さあ、彼女がいるかどうか知らないけど、性格もよくてかっこいいからもてるよ。

女：……やっぱり。

男：どうして野村について聞くの？

女：いや、私の友だちが野村さんに興味があるんだって。

男：そうなんだ。

女：じゃあ、今度みんなで飲みに行かない？

男：うん、いいよ。

第21課　p. 87

Ⓐ W21-A

1.

男：あ～あ、眠い。

女：また遅くまでゲームしてたんでしょ。

男：してないよ。今朝早く、となりの人のアラームで起こされちゃったんだ。その人、すぐ起きないから、うるさくてぼくが起きちゃうんだ。これでもう三回目だよ。

女：「静かにしてください」って言ったほうがいいよ。

男：うん。

2.

女：どうしたの？ きのうと同じ服着て。

男：実は、きのうの夜みんなで飲んで三時ごろ帰ったら、奥さんにかぎをかけられちゃって…。

女：家に入れてくれなかったの？

男：うん。だから、きのうと同じ服。

女：今日は奥さんに何かプレゼント買って帰ったほうがいいよ。

Ⓑ W21-B

友だち：元気ないな、けんと。どうしたんだ。

けんと：今日は最悪な一日だったよ。

友だち：何があったんだよ。

けんと：朝起きたら、牛乳がなかった。冷蔵庫に入れてあったんだけど、ルームメイトの林に全部飲まれたんだ。

友だち：牛乳飲まれて、怒っているのか？

けんと：牛乳はいいよ。きのうの夜、パソコン

で歴史のレポート書いていたんだよ。今朝見た
ら、ファイルがないんだ。林にファイルを消
されたんだ。

友だち：えっ、それは大変だ。

けんと：夜、ぼくのパソコンを使っている間に、
消しちゃったんだって。

友だち：じゃあ、歴史のレポートは出さなかった
のか。今日締め切りだっただろ。

けんと：うん、だから、経済のクラスで歴史のレ
ポート書いていたんだ。それを先生に見られ
て、怒られたんだよ。

友だち：それはひどい一日だ。

Ⓒ W21-C

客：すみません！ 警察を呼んでほしいんですが。

ホテルの人：どうなさったんですか。

客：温泉に行っている間にどろぼうに入られた
みたいなんです。財布が見つからないんです。

ホテルの人：財布がどちらにあったか覚えていら
っしゃいますか。

客：テーブルの上に置いてあったと思うんです
が。

ホテルの人：お部屋のかぎはおかけになりました
か。

客：実はかけたかどうかよく覚えていないんで
す。部屋に戻った時にドアが開いていたので、
びっくりして……

ホテルの人：では、警察をお呼びしますので、お
部屋でお待ちください。

第22課 p. 96

Ⓐ W22-A

妻：ねえ、この子が五歳になったら、英語を習わ
せてあげたい。

夫：いいよ。

妻：それから、何かスポーツもさせてあげたい。
そうね。空手がいいな。

夫：空手かあ……。テニスのほうがいいんじゃ
ない？

妻：だめ！ 空手のほうがかっこいい。それから、
バイオリンを習わせたいの。

夫：ぼくはピアノのほうがいいと思うけど。

妻：ピアノはみんな弾けるから。バイオリンがい
いの。

夫：お金がかかるなあ。

妻：そうそう、それから外国に留学させたい。

夫：留学かあ……いいよ。

妻：それから、お金持ちと結婚させて……

夫：ちょっと待ちなさい。結婚はだめ！ だれと
もさせない。

Ⓑ W22-B

めぐみ：けい、今度の旅行、行ける？

けい：お父さんに聞いてみたんだけど、だめみた
い。

めぐみ：ええっ、どうして？

けい：友だちと旅行させてくれないの。うちの
親、厳しいんだ。もう高校生なのにアルバイト
もさせてくれないんだよ。

めぐみ：本当？ 私のお父さんは、若い時はいろ
いろな経験をしなさいって言うよ。

けい：へえ、めぐみがうらやましい。私のお父
さんも、めぐみのお父さんのようにやさしかっ
たらいいなあ。

めぐみ：でも、大学に行って、一人暮らししたら、
好きなことができるでしょう。

けい：うーん、一人暮らしさせてくれないと思う。
お母さんは、お金がかかるから家から大学に行
きなさいって。

めぐみ：そうか。大変だね。

けい：でも、大学生になったらアルバイトしても
いいってお父さんが言ってたから。

めぐみ：旅行も行かせてくれるといいね。

けい：たぶん、行かせてくれると思う。大学生に
なったら一緒に行こうね。

Ⓒ W22-C

渡辺：みなさん、お疲れさまでした。今日はもう
何も予定がございませんから、みなさん好きな

所にいらっしゃってください。私はこのホテルにおりますから、わからないことがあれば、お聞きください。

客A：渡辺さん、美術館に行きたいんですが。

渡辺：三番のバスに乗れば行けますよ。

客A：ここから何分ぐらいかかりますか。

渡辺：バスで十分ぐらいです。バス停は銀行の前にあります。

客B：ちょっと寒いから、セーターを買いたいんです。どこに行けば買えますか。

渡辺：セーターですか。ホテルのとなりの店に行けば、たくさんあると思います。

客B：あのう、私、日本語しか話せないんですけど、大丈夫でしょうか。

渡辺：大丈夫、大丈夫。がんばってくださいね。

客C：渡辺さん、財布を盗まれました！

渡辺：えっ、どこで？　どんな人に？

客C：それが、あまり覚えていないんです……。

渡辺：一緒に警察に行きましょう。

第23課　p. 107

Ⓐ W23-A

1.

林：山田さん、もう帰るんですか。まだ十時ですよ。

山田：あした朝早く起きなきゃいけないんですよ。

林：休みなのに？

山田：ええ。休みの日はうちの奥さんに六時半に起こされて、一緒にジョギングさせられるんですよ。

林：はあ、六時半ですか。

山田：その後は奥さんが買い物に行くことにしているから、車で店まで送らされて、買い物が終わるまで、待たされるんですよ。

林：大変ですね。

2.

けん：かずき、新しい部長はどう？

かずき：最悪。毎日コーヒーをいれさせられるし、

コピーも取らされるし、部長が出張の時は空港まで送ったり迎えに行ったりさせられるし……休みの日にだよ！

けん：へえ、ひどいね。

かずき：会社ではぜんぜん仕事をしないで、いつもスマホを見たりしているんだ。この間も、「おなかがすいたから、コンビニにお菓子、買いに行ってくれない？」って。

けん：えー、信じられない。

Ⓑ W23-B

1.

花子：太郎さん、私、イギリスに留学することにしたの。

太郎：えっ？　どうしてそんなことを言うんだ。

花子：ずっと考えていたんだけど、言えなかったの。ごめんなさい。私たち別れたほうがいいと思う。

太郎：別れたくない。

花子：でも、離れていたら、二人の気持ちも離れると思う。悲しいけど……。

太郎：いや、離れていてもいつも一緒だ。ぼくは花子さんがイギリスから戻ってくるまで待っている。

2.

男：ぼく、来月会社をやめることにしたんです。

女：ええっ、どうしてですか。

男：この会社にいても、自分のしたいことができないんです。

女：会社をやめてどうするんですか。

男：声優になりたいんです。声優の学校に入るつもりです。声優になれるまで、バイトしながら勉強をします。

女：そうですか。大変だと思うけど、がんばってくださいね。

男：ええ。今までいろいろありがとうございました。

女：有名になっても、私たちを忘れないでくださいよ。